尋寶及收藏的故事

尋寶古董民藝
直擊歐亞市集

莊仲平 著

——鎏金歲月的生活美學

藝術家

目次

常民興味·古董的生活美學

繼上一本尋寶之旅的《世界著名跳蚤市場與古董市集》，筆者續訪巴黎、荷蘭、比利時、廈門、泉州及高雄、台南等地有趣的跳蚤市場，寫就本書；這些文章同時也是我近兩年來在《藝術收藏＋設計》雜誌「古董新探」專欄中所逐月發表的結集。

我這個人一向做什麼事，都會過分執著和不遺餘力地投入，常為著一篇古董市場的探訪，飛一個國家，走一個城市，也有文章是醞釀多時，再各方訪查所得的心得。為了深入民藝市場並建立交流情誼，在高雄的跳蚤市場流連近兩年，花費不少金錢，買進了為數眾多的古董民藝，因而結識不少同好。我服膺古董老師陳連平先生的觀點：「要學會鑑賞瓷器，必須下手收藏，才能真正體會。」

這兩年在高雄，每逢假日我不是在跳蚤市場遊逛，就是在往跳蚤市場的路上。在古董市集裡尋寶，其中人、事、物伴隨的驚喜常令人回味。我的市井古董朋友阿義、阿仁、黑貓、李媽媽及阿美等人，大家都對古董民藝有滿腔的熱誠。他們能夠發現古舊民藝的靈光，在尋常之中體會美感，從中品賞難以言宣的興味，常為找到一件老東西而雀躍不已。我發現樸實的美就在歲月痕跡之裡，原來收藏古董之樂，並不取決於其經濟能力，而在於其生活品味與性向。

在本書裡，筆者興奮又迫不及待地想和讀者分享古董的美感與趣味，古董可以從生活化使用的角度來尋求美感，對器物講求美，使美與生活相結合。在古董市集與跳蚤市場裡，總有很多不期而遇的驚喜。喜歡古董文物的收藏者是幸福的，因為這些人多了一股藝術的情懷與審美的敏銳。與其把錢花在消耗性的娛樂上，還不如買件古董天長地久，更獲休閒使用的愉悅。相較居家裝潢花費不貲而無法遷移，毋寧藉

由擺設古董家具，更顯高雅並可增值。

古董跳蚤市場絕對是一項文化創意產業，若經營得宜，可以晉升為高級古董市集，例如巴黎聖湍跳蚤市集與倫敦的波特貝露跳蚤市場。跳蚤市場能夠成為城市的地標，活絡地方的經濟文化，例如義大利的阿雷佐跳蚤市場、比利時的同赫倫跳蚤市場。跳蚤市場更可以成為國際觀光聖地，例如土耳其伊斯坦堡的大市集、泰國曼谷的恰都恰跳蚤市場和中國北京的潘家園跳蚤市場等。台灣各地有不少的蚊子館被人詬病，或可評估一下，提供設立古董跳蚤市場，營造現成的文化藝術產業。

這幾年台灣經濟甚不景氣，古董貨品又少，古董價位不跌反漲。台灣的古董與民藝市場急劇變化，生態不變。從早期赴大陸尋購，以貨櫃抵台，到現今古董回流大陸，甚至業者因缺貨困境轉進日本古董，一時間台灣古董店充斥日本鐵壺、銀壺及錫罐等各式茶道具。而台灣民藝這種蘊含鄉土感情之物，於現代化的台北都會環境中消逝之際，卻在台灣南部方興未艾，被充滿人情味的南部人所珍視。在此時，西洋古董在台灣悄悄興起，廣受各年齡層民眾的喜愛，甚至在台北已設有大型的倉庫型西洋古董店。古董市場的風起雲湧、冷熱變遷，實令人目不暇給。

這本書的創作，最要感謝的是鄭亞拿小姐，她參與了每座古董市場的參訪、每篇文章的建構、資料的收集及文詞篇幅的寫作，她的貢獻實堪與作者聯名。此外，若是沒有藝術家出版社王庭玫主編的賞識，也無法順利付梓出版，在此表達衷心感謝。

莊仲平

尋寶之旅

尋寶古董民藝・直擊歐亞市集／第 1 章

被古老時光照亮的城市

迷人的比利時古董小鎮同赫倫

沒沒無聞、地處偏遠的比利時小鎮「同赫倫」
（Tongeren），因緣際會之下成為古董店及古董市集的
聚集地，每週日吸引上萬名不遠千里而來的遊客到此尋
寶，創造出年交易量2000萬歐元的驚人數字！
同赫倫不僅匯聚著各種數量繁多的古董文物，也留存著
不少歷史記憶，在這個布滿時間刻痕的美麗城市裡，尋
覓心愛之物，可是一趟迷人的夢幻之旅！

風采殊異的同赫倫，形塑出古董市場的絕佳氛圍

比利時是個古董產業發達的國家，古董收藏極為興盛，為歐洲頗負盛名的古董交易中心。在這個古董國家裡，又有一個以古董商業聞名的城鎮——同赫倫。它圍繞著歷史悠久的城牆，優美的中世紀建築與寧靜街道，是古董愛好者眼中的夢幻古董城鎮。同赫倫是一個地處偏遠的小城，在比利時首都布魯塞爾東邊百餘公里，人口僅三萬，大部分的居民從事古董行業，有四十多家古董店，也是歐洲著名的古董批發中心。在每個禮拜有一場週日古董市集，是荷比盧地區規模最大的古董市集。

同赫倫所擁有的歷史遺跡，蘊含得天獨厚的古老氣息，這樣的完美背景，形塑了一個古董市場的絕佳氛圍。每個星期天早上，三百五十家古董攤就在中世紀斑駁的城牆與古意的大街小巷間交錯地擺開，吸引萬餘遊客前來尋寶，他們有遠道尋寶的收藏家、來進貨撿便宜的古董商，也有單純逛市場看熱鬧的遊客。有人腳步急切，全神貫注，祈求捷足先登，也有人

不疾不徐，悠然自得只為隨意漫遊的樂趣，大家都盼望有不期而遇的驚喜。古董買賣是歐洲少數可以討價還價的商品，市場沸沸揚揚卻又不露嘈雜。這些淘寶客大多來自本國其他城市及鄰近國家的荷蘭、德國、盧森堡和法國。據官方統計，同赫倫古董市集一年的交易量達 2000 萬歐元，繳納的稅金高達 100 萬歐元。

從戰禍裡崛起的古董藝品交易中心

　　同赫倫是比利時最古老的城鎮，但從來未曾是個商業繁榮的地方。早期它是個軍事要塞，西元前十五年，羅馬帝國在此建立軍事基地，作為羅馬軍隊在萊茵河地區的供應站。早在 2 世紀時就建造了堅固的城牆碉堡，1213 年毀於戰火，在 1241 年改建成現今的城牆，顯現昔日的軍事要地位置。同赫倫幾經戰亂，歷史上受過羅馬、西班牙、法、德、奧地利、荷蘭等國的統治。於 1677 年時甚至被法王路易十四率兵攻打，全城幾被大火焚毀殆盡。此地也曾為列日主教之領地，建造了聖母教堂（Onze-Lieve-Vrouwebasiliek）與貝居安會院（Begijnhofkerk），宗教氣息濃厚。在設立了市政廳後，當地的商業貿易和手工製造業才有了生氣。

　　直到 19 世紀的工業革命，比利時是歐洲工業革命發展得很早的國家，同赫倫隔鄰的列日在當時礦業發達，有很多工作機會，1863 年之間通行的鐵道開通後，同赫倫居民紛紛到列日工作謀生。在 70、80 年代，隨著礦業和鋼鐵工業的結束，這條路線歸於平淡，同赫倫也跟著沒落了。

　　至於此地出現古董商機的原因，是因為比利時 1830 年脫離荷蘭，獨立建國時即標榜為中立國，二次大戰前歐洲政局不穩，世人咸認中立國可避戰亂，鄰近國家的貴族富豪，紛紛將珍貴古董藝品遷往比利時藏匿，而地處偏遠的同赫倫小鎮，更被認為是個最安全的庇護所。而後有些避難的貴族富豪在戰亂時家道中落，為了變現生存，在此就近出售祖傳珍藏的古董藝品，於是形成了一個古董藝品的交易中心。由於罕見貨品不少，貨真價實，吸引眾多收藏家與古董業者專程到此尋貨。

　　現有規律的週日古董市集，則是始於 1976 年 8 月 1 日，從早上

上圖
週日每家店都敞開大門迎賓

右圖
同赫倫是歐洲著名的古董批發中心，有四十多家古董店，星期天常吸引萬餘遊客前來尋寶。

右圖
維爾市場（Veemarkt）依其字義，或許是從前的牛墟市場。

左頁上圖
古董攤沿著馬斯垂克街往市中心延伸，走在手工砌石的街道上，別有一番漫遊的樂趣。

左頁下圖
非洲文物攤上大多是黑褐色的木製面具，據推測來自比利時的殖民地剛果。

6 點開市到下午 1 點收攤。由於歐洲冬天早晨 6 點天色仍未明，搶早的業者、客戶皆自備手電筒，一時暗夜星滿，黑影晃動，燈光乍隱乍現，這種在寒冬暗夜提燈淘寶的奇特景象，成為同赫倫古董市集的特色。

▍琳琅滿目令人心動的尋寶地點

　　前往同赫倫這樣一個古董小鎮，早已成為筆者的夢幻之旅及最期望的朝聖之地。可是從台灣前往同赫倫可不容易，先要搭飛機到荷蘭阿姆斯特丹，換火車到比利時布魯塞爾住宿停留，等到星期天早晨再從布魯塞爾搭火車到同赫倫。這路程雖然只要 1 小時 40 分鐘，但中途要在列日轉車，所以即便趕最早班火車，到達同赫倫都已經是上午 9 點了。假如想要拍張眾人持手電筒尋寶的鏡頭，非得要前一天晚上就住宿同赫倫不可。

　　下了火車，只須跟著街上的人潮往城裡走，很快就會看到在遠處小廣場一群排開的攤子，不用說也知道是古董市集了，多麼令人興奮啊！此時我的腎上腺素立即上升，腳步加快趕往前走。廣場上有人把古董舊貨直接擺在地上，有人則擺在簡便的架檯上。最令人注目的是，其中竟有三家非洲文物攤，大多是黑褐色的木製面具與樂器，攤主也是黑膚的非洲人。之前我在英國與法國都沒有看到那麼多的非洲文物攤，我猜想這些非洲古董攤可能來自剛果，因為剛果從前是比利時在非洲唯一的殖民地。

　　此外，也有商家搭個掛衣架，吊上幾盞古董燈，有水晶燈、銅燈及新藝術風格的燈飾，各有特色與風情。古董燈是很實用的裝飾家具，一向是我的最愛，可惜太占行李空間了，不宜隨意購買。許多精美的古董銅雕與百年油畫則是市集的大宗，也都露天擺放，令人心動，不禁想多買幾件回家。

高大的楓樹下，秋日金色的暖陽輕灑，流露歲月蒼老的餘韻。

　　古董攤一路沿著馬斯垂克街（Maastrichterstraat）往市中心延伸，到處可見「ANTIEK」（古董）的店招。街道地面是手工砌石地板，街屋是數百年建築。不久來到維爾市場（Veemarkt），依其字義或許這裡從前是牛墟市場。只見古牆下面有個令人目光一亮的攤子，攤上琳琅滿目的小東西似乎蠻合我的口味，於是決定在這裡仔細挑選。一只細緻的手上鍊女錶，具新藝術風格纖細的黑皮錶帶，外加另一支秀麗的純銀鏤空玫瑰胸針，二樣合購開價是45 歐元，議價後以 35 歐元成交。我隨後又看中一只中國清代外銷歐洲的咖啡杯，為粉彩廣瓷，繪有當時盛行的西廂記故事圖飾。古董杯子可飲茶或喝咖啡，甚為實用，一直是我喜歡收藏之物，杯子開價 35 歐元，最後以 25 歐元成交。這位中年攤主來自安特衛普，他說安特衛普是個美麗的地方，那裡有很多有錢人，到處可見精緻的古董小店。他很有東方人感性的特質，說了一句令人印象深刻的話：「我覺得我們是好朋友，雖然我們才剛認識，但朋友只要有緣份，不一定要認識很久。」

　　他的攤位有很多中國早期貿易瓷，因為他認為瓷器是世界上最美麗的東西。這些貿易

瓷甚為漂亮，而我當時僅買下一只咖啡杯，沒有多選幾個，如今回味照片場景，為之懊悔不已。

美好的物件喚醒對美好時代的懷念

　　同赫倫古董市集景色最美的一段是城牆這一區，古董攤沿著中世紀的利物浦城牆（Leopoldwal）排開，在高大的楓樹下，秋日金色的暖陽輕灑，枯黃的楓葉飄落在古董器物上，好似不經意的裝飾，更顯露古董的古樸蒼老與歲月流轉的滄桑。這一段路的盡頭，也有幾家固定的古董店面，週日這一天每家店都敞開大門，門口擺放幾件古董椅、木雕或陶甕，表示店家營業中。小店有賣家具、陶瓷器及首飾的，筆者都逐一入內參觀。這裡的古董緹花椅花色繁多，不免多看幾眼，很是令人心動，但為了寄送不便，只得打消購買的強烈念頭。

　　此地有如倉庫大型的店家，專賣古董瓷磚、石雕與鐵雕的庭園器物，也有店家專賣新藝術與裝飾藝術風格的藝品，標示著 1900 年代，喚醒人們美好時代的懷念。這家店內浪漫的陳設很是唯美，自然店主的話也很唯美：「你們是我的客人，不要客氣，請把這裡當自己的家，隨意參觀。」

　　城牆這一段人擠人，是遊客最多的地方，人群川流不息幾乎到了摩

在利物浦城牆這一段攤位，多的是各式大型家具。

古董緹花椅花色繁多，很是令人心動。

肩接踵的程度。遊客大多是上了年紀的人，絕大部分是夫妻同行，即使年輕人也是結伴而來，時而看到有人高興地抱著淘到的古董木雕，或合力抬著剛買下的沙發，滿載而歸。

　　寬敞的伊布諾恩會館（Eburonenhal）也是擺滿了古董攤位，由於是可避風雨的室內，賣的東西也較為高檔，展示著不少家具、書畫、瓷器、玻璃和宗教器物。有一專賣蕾絲的攤子，攤主是一對年約七旬的老夫妻，他們正準備要收攤，我驚訝地問道：「您們要結束營業了？那麼早？」

上圖／楓葉飄落在古董器物之間，好似不經意的裝點，顯露出歲月流轉的滄桑。　下圖／在這裡有不少清代外銷的貿易瓷

「我們今天很早就來了啊！早來早走。」

我趕快選了一塊 1928 年產的橢圓形蕾絲杯墊，蕾絲是比利時有名的傳統工藝，因手工蕾絲製作費時，所以價格始終居高不下。

會館角落有一家餐飲店，上了年紀的客人們坐在這裡用餐休息，個個興奮地把戰利品拿出來互相鑑賞。

俟走到朱利安停車場（Parking Julianus），這裡又是一區以服飾、卡片、銅雕為主的古

董攤位。還不到下午 1 點但已收攤了大半，市場似趨於寂寥，我們及時從女攤主打包的手中，搶下了二個古典玫瑰緹花包，又在另一個正在打包的攤位，搶購了一盞三燭銅吊燈。當時是情急之下，忘了家中已掛滿了古董燈，竟又買下這盞燈，只因它小巧可愛又便宜。在這種收攤中的市場，是最好的殺價時刻，必須眼明手快，一點也不容猶疑。

眾多市集為小鎮帶來觀光人潮與國際美譽

同赫倫古董市集規畫為八個區域，如要盡興，最好前一天晚上就住在這裡，不然半天的時間匆匆走過是不夠時間採買古董的，而且逛街中途總要花些時間休息。這種大型的古董市場，每次總是讓人逛到頭昏眼花，兩腿痠疲。事實上，為了趕時間，很多攤位都不及細看，一定錯過了許多好東西。還不到中午，因為看到一家本地最古老的傳統小酒館，就早早坐下休息在此飽餐一頓，但也因而耽誤了一點時間。下次有機會再來，寧可餓肚子不吃飯，一定要優先逛完市集。

下午1時幾乎所有攤位都收光了，頓時人去樓空，連個遊客也不見蹤影，恢復了歐洲假日慣有的平靜與空盪；地上連一張紙屑也沒留，很難相信一個小時前，這裡還是人山人海的熱鬧市集。

這時候才有時間與閒情看看同赫倫的街景，在城市的中央廣場，有一座矗立的安比歐瑞克斯（Ambiorix）雕像，他是本地的英雄人物，部落伊比諾恩族的首領。西元前五十四年，以計謀擊退羅馬帝國凱撒軍團的侵略，但最後同赫倫還是落入羅馬帝國之手。綜觀同赫倫的建築景觀，還保留著日耳曼民族粗獷簡約的風格。城裡古羅馬城牆遺址、高盧羅馬博物館、中世紀的聖母教堂與貝居安會院也是不可錯過的名勝之地。但是在同赫倫這個偏離大都市的地方，是很難看到東方面孔的。

同赫倫這個世界盡頭的小地方，能夠名聲遠播，並吸引我來的正是其古董市集。同赫倫的古董市集如義大利阿雷佐古董市集，都以此創造了城市發展活力，成為觀光旅遊景點，繁榮了地方經濟與社會。其實跳蚤市場並不鄙陋，也不影響市容。古董市場使同赫倫揚名國際，也形成它的地標與最成功的產業。

幽雅精緻的美城

行旅比利時布魯塞爾的古董市場

布魯塞爾，是歐洲著名的淘寶之城及古董批發市場。來到這座美麗的城市，只要停留幾天就可以發現街上林立的多家古董店，有每日營業的跳蚤市場，還有週末的假日古董市集。到此一遊，即可明白台灣的西洋古董商為何要到比利時批貨，他們究竟到什麼地方進貨呢？

發跡甚早的古董大國

比利時的面積與台灣相近，人口僅台灣之半，但有如此多的古董，實在令人咋舌，比利時真可稱得上古董之國。雖然英、法多的是嗜古人士，在倫敦、巴黎也有很多古董店，但古董店密度也沒有比利時古董商高。比利時一向是歐洲的古董集散地及批發市場，台灣不少大型的西洋古董商也都以比利時為重要的批購基地。

由布魯塞爾街頭的建築與藝廊可以發現，此地確實充滿了藝術創作的氣息，比利時喜歡維持傳統，但也隨時汲取最新的潮流。也是這種藝術創意的風氣，塑造了她的古董收藏與交易風尚。比利時形成古董大國的因素還有市民國家背景、手工藝發達及社會富裕。從14世紀開始，就在同業行會和商人的協助下，發展為封建自治城市的型態，也就是市民國家。比利時手工藝發達，中世紀布魯塞爾最繁華的大廣場周圍建築是各行會所在，可見其工匠之勢力與財富。平民百姓以工藝及經商賺錢，不必受貴族的剝削，這也是資本主義的雛型，因此收藏古董藝品不再是貴族的專利，而是一般民眾即能擁有的。比利時的富裕經濟，正是民眾古董藝品收藏的基礎，所以古董市場交易熱絡。

正中央的建築為布魯塞爾大廣場的「金樹」，這是啤酒行會的所在。

　　此外，19 世紀工業革命時，比利時甚早投入並獲致成就。1900 年全國鐵路網即已完成，由工業革命獲得很大的經濟利益。當時由於國家富裕，藝術收藏興盛，在藝術市場上的需求也跟著發達。

　　對於一個嗜古者，布魯塞爾有幾個古董市場是不可不訪的，即莎布隆古董市集、拉馬洛跳蚤市場和古董店聚集的歐特街、布勞街。布魯塞爾是個優雅精緻的城市，也是個美食之都，所以到這裡漫遊各處古董市集，都可以安步當車，用最悠閒愉快的心情來欣賞選購。

┃ 聞名國際的莎布隆古董市集

　　距離火車站不近不遠的大莎布隆廣場，據說從 19 世紀初就成了店鋪與攤商雲集之地。如今附近仍有多家的精緻藝品店，是遊客聚集的地方，此地並有一個名聞遐邇的莎布隆假日古董市集（Marché des Antiquaires du Sablon）。

每週六上午 9 點到下午 6 點及週日上午 9 點到下午 2 點，廣場上古老的莎布隆聖母院側面都會有一場古董市集。在高聳的楓樹下，紅綠相間的遮陽棚與圍簾，保護著攤位上的奇珍異寶。這個市集雖然是露天的，但可不是賣二手的日用品，而是賣正宗的古董藝品。這個古董市集現正推展「只賣真古董」的活動，古董攤內掛有一紙證書，標明在他們的攤位裡只賣真古董，不賣仿製品。在露天的古董市集竟有如此高檔的古董貨色，在世界上絕對是少見的。由於攤位空間有限，展售的古董都是小件精緻的古典器物，如雕塑、瓷器、油畫、銅器、首飾、蕾絲等，而少有家具等大型器物。

　　慕名而來的淘寶客有不少是國際人士，只是洋人大都金髮碧眼，光從外表是分不出國籍的。但我們碰到至少兩個是可辨識的，正是黑髮黃膚的華人。一位是到布魯塞爾出差、身著西裝的中國男士，他正在一攤有中國瓷器的攤上駐足端詳，手捧著一只黑釉廣彩花瓷瓶湊在眼前，睜大眼睛瞧來瞧去。看到我過來，高興地急著對我說：「你對瓷器內行嗎？來，快幫我看看。」

　　這件黑底廣彩瓷，遠看包漿古樸，釉色暗沉，近看畫工粗劣，且非國畫皴法，他聽了馬

左圖／莎布隆古董市集上的中國瓷器攤多為清代外銷貿易瓷　右圖／莎布隆古董市集在聖母院側，高大的楓樹下搭了紅綠相間的帳棚。
左頁圖／莎布隆古董市集上的飾品攤多為精緻高檔古董

上放棄購買這只花瓶的念頭。我介紹他一件甚為開門的康熙貿易小瓷盤，他卻看不上眼，他說他要挑大型的，最好是瓶子。其實他的方向正確，我也知道大瓶子是市場貨。

此時又有一位華人女士向我們走過來，她熱切地問這位西裝中國男士：「你喜歡瓷器喔？」

「非常喜歡。」西裝中國男士毫不遲疑，中肯地回答。

這位華人女士自我介紹，她是特地從巴黎趕來布魯塞爾找古董的。

雖然他鄉遇故知是溫馨的，但市集上琳琅滿目的西洋古董更令人興奮與好奇。於是我們雙腳不由自主地隨著目標各自移開。

我沿著各攤位逛了一陣子之後，再度碰到這位西裝中國男士，此時他已手拎兩大包，看似大有斬獲。不久在聖母院牆下的一排攤位前，又看到那位巴黎華人女士，她正在跟一個瓷器攤商議價，也達成了交易。攤主一面打包，一面極力想跟她搭訕：「妳很內行，妳也是古董同業吧？」

「不，我不是做古董行業的。」

「請問妳的中文名字怎麼稱呼，我有很多中國友人呢！」

巴黎華人女士似乎不想跟他多談，沒有告訴他中文名字。

這個國際聞名的古董市集歷史不算久，所以史蹟可循。1958 年有位古董商喬治‧范德威（George Van de Weghe），向聖母院神父要求在禮拜天做完彌撒後，允許他在教堂旁展

上圖／莎布隆古董中心內的油畫與銅雕，古董珍品琳琅滿目。
右頁上圖／拉馬洛跳蚤市場上的吉普賽人攤位多為雕塑藝品　　**右頁下圖**／拉馬洛跳蚤市場上的古董藝品與二手貨擺滿一地

售他的雕塑收藏。教堂神父考慮後，決定開放其他的古董商也一起做聯合展售。於是 1959 年開始，由古董市場協會主辦在這裡展開了常年定期的古董市集，至今已有百家古董商設攤，都是協會審核認可的。

　　在莎布隆廣場附近還有一些別具特色的藝廊與餐廳，在大馬路一排紅磚街屋門口，就看到醒目的沙布隆古董中心（Sablon Antique Central），招牌上標示內含二十家古董商，占地 600 平方公尺。我們馬上被吸引進去，入內發現裡面像個阿拉丁寶窟般，而不像普通商店，因為珍貴的古董藝品置滿了空間，從牆面到地上都擺放著西洋古董的銀器、銅雕、油畫與時鐘。深黯的紅銅綠鏽裡黑光閃動，淳厚的光芒滲透到其內部深處，充滿著歷經歲月洗禮後的質感。無庸置疑，每個物件都是珍品。其中一尊手持小提琴的銅雕最令我驚艷，世界上的提琴家與製琴師都喜愛以提琴銅雕當擺飾，因而流通於市場的提琴銅雕量少而價昂，這尊銅雕標價 1000 歐元，顯然甚為合理。在這古董中心裡中國古董也不少，可看到青花貿易瓷、廣彩瓷、象牙雕、扇面等，其中一對乾隆螭龍瓷盤特別吸引我，可惜一時找不到店主詢價。

▍歷史悠久的拉馬洛跳蚤市場

　　布魯塞爾的拉馬洛跳蚤市場（Marché aux puces des Marolles）也是遠近馳名的跳蚤市場，從莎布隆古董市集往前走去，一刻鐘的腳程就可抵達。拉馬洛跳蚤市場座落在吉多巴廣

場（Place du Jeu de Balle），此地又稱「球戲廣場」，以前常在這裡舉行比利時流行的一種手球遊戲。拉馬洛跳蚤市場歷史悠久，1873 年一個他地的跳蚤市場被遷移到這個廣場來。所以在吉多巴廣場上的拉馬洛跳蚤市場已有一百四十年的歷史了。最特別的是它每天都開市，從早上 7 點到下午 2 點，反倒是禮拜天休息。

拉馬洛跳蚤市場的場面甚為壯觀，是視覺上的奇景。在偌大的廣場上，露天擺滿了各式貨品。遠遠望去看不清攤位規劃，看不出物品種類，奇特地零亂，像是一座超大型的資源回收場。這個市場的景觀很跳蚤，沒有整齊的帳篷和店舖，商品都擺在地上或在拼板的桌上。不過眼尖的人就會發現，此地還有一些是古董等級的古物，例如銅雕、油畫、老提琴、吊燈與老家具等夾雜其間，也有非洲人的文物攤及吉普賽人的攤位。我想，小古董店老闆也會到這裡尋貨吧！

有家舊書攤故意把書堆積如山地隨意丟置，似乎表示這些書很便宜，他是隨意賣的，不過客人很難找書，只能看到最上面的幾本。有家專賣老鑰匙的攤位，上萬支大大小小的鑰匙擺滿一地，特大號的鑰匙可能是開城堡大門的。老闆正一臉正經地向客人展示：「你看！把各式不同的鑰匙貼在一塊木板，釘在牆上，就是一幅很有味道的藝術品了。」看來老闆是個深愛鑰匙的人。

這個跳蚤市場也有部分商品是舊衣服、舊餐具和舊唱片等二手貨，其價錢都相當便宜。真想不到以比利時的高國民所得與高就業率，竟還有如此二手貨交易，或許外籍勞工是其主要顧客。

那麼大的露天市場下午 2 點後都要撤出，清理後恢復廣場空曠的本來面目，晚上是市民全家散步與小孩盡情奔跑的場所。第二天清晨跳蚤攤位又回來鋪貨，大家都那麼自律，沒有影響市容與製造髒亂的問題。

布魯塞爾的古董街

比利時既為古董大國，其首都布魯塞爾當然會有古董街，它們主要分布在歐特街（Rue Haute）與布勞街（Rue Blaes）上，這二條街是平行的，都通到吉多巴廣場。所以逛完拉馬洛跳蚤市場後，如對其檔次若覺不符己意，必有意猶未竟之憾，正好可鑽進歐特街與布勞街繼續逛，可以看到更專業的古董店。在這兩條綿延的街廊裡，分布著大大小小的古董店。

小古董店不稀奇，大古董店才有看頭，在歐特街裡不可錯過的店家是 Haute Antiques 207，號稱有 2500 平方公尺。三個店面寬，從地下室到三樓，裡面還包括幾個畫廊，其中有多幅 20 世紀初專畫玫瑰的畫家作品，一幅近百年歷史的油畫才 600 歐元，相當便宜。另有新藝術與裝飾藝術風格的家具與飾品專區，陳設著各種花俏葡萄藤蔓的鑄鐵、美女肖像的海報及蠕動花卉圖案的燈飾。這是比利時享負盛名的藝術風格，喜歡新藝術的人到比利時尋寶，必可滿載而歸。一樓有粗獷感工業風格的鋼鐵家具與飾品，因其外表顯露歲月鏽蝕的痕跡，在 Loft 倉庫風的空間下，極顯況味。

而隔壁的 Espace 161 宣稱有 1300 平方公尺，一到四樓擺滿了器物，貨品豐富齊全，高低檔都有。四樓角落還有裝飾藝術與普普風格藝品的專區，有如俗文化的博物館，都是一些很通俗的日用品，大紅、大綠或有螢光的塑膠產品及鐵皮製品。雖粗俗可笑，但要看到那麼多俗文化產品聚在一起倒是不容易，我立刻拍了好幾張照片存檔。在歐特街上，另一家值得一逛的大型店是 MAX & SOPHIE。以上這幾家都是大型古董店，都做批發生意，代客全世界運送服務。此時我立刻明白，台灣的西洋古董商為何要到比利時批貨，以及他們到什麼地方批貨。

上圖
歐特街上的Espace 161古董店一到四樓擺滿了器物，高低檔皆有。

右頁左下圖
歐特街上專賣工業風產品的店KLOAN，裡面擺置鏽跡斑駁的屬材質，有如廠房廢墟。

右頁右下圖
歐特街上當代藝術的藝廊

在歐特街小巷子裡有一家提琴工作室，透明玻璃窗面對巷子，裡面製琴師與櫥窗上擺置的材料與作品一覽無遺，其雕刻精巧的琴頭，顯示比利時工藝師非凡的手藝。

布勞街還有家不能錯過的店鋪是VOLLE BLAES，紫色斑駁的門面，由二十家古董商組成，也甚具看頭。轉角還有一家專賣工業風產品的店KLOAN，頹廢的倉庫型店面有如廠房廢墟，裡面擺滿鏽跡斑駁的鐵、銅、鋁、不鏽鋼材質製品，如鐵椅、鐵桌、燈罩、腳踏車及鋼管創意作品，並混搭陶瓷器，這類金屬家具與家飾應屬1960年代的產物。幾家新藝術、裝飾藝術及當代藝術風格的藝廊在這裡相互輝映，就連房屋牆壁也畫上醒目的《丁丁歷險記》中的漫畫。

以美食畫下的完美句點

綜觀比利時古董市集的特色是銅雕、油畫、蕾絲、玻璃、中國外銷貿易瓷及新藝術風格飾品。比利時這樣的古董特色其來有自，例如蕾絲與緹花編織，是比利時自中世紀以來最具代表性的傳統工藝品，世界著名的「仕女與獨角獸」織品即產自法蘭德斯地區。銅雕工藝自古即興盛，曾獲特許生產。列日的玻璃則赫赫有名，而中國清代的外銷貿易瓷經荷蘭東印度公司輸入歐洲，當時比利時北部為荷蘭聯合省一員，中國瓷器又受比利時皇家的熱愛，因此在比利時傳世品甚多。油畫美術在比利時自古興盛，15世紀曾創造出著名的法蘭德斯畫派，至今其藝術設計與工業設計都很發達。

至於新藝術風格的藝品已被比利時人視為國藝，為深具往日情懷的一種藝術。20世紀前後新藝術風格興起之時，布魯塞爾即是引領風騷的城市之一。比利時的建築師奧塔（Victor Horta）及藝術家菲爾德（Henry Vande Velde）為有機曲線與非對稱架構裝飾風格的先驅代表。當時在布魯塞爾就有四千多棟新藝術風格的建築，至今仍尚存二千棟之多，散發昔日歐洲美好年代的風貌。

到布魯塞爾尋寶者，應該順便參觀聖胡博拱廊街，這條街是1847年參考巴黎的拱廊街所建，其豪華優美程度更勝巴黎。有高聳的玻璃穹頂與精美雕塑，充滿古典的奢華風情，堪

上圖／聖胡博拱廊街，高尚優美的購物商場。　左頁圖／布魯塞爾大廣場中「星星」騎樓下的新藝術風格浮雕，為1899年奧塔所設計。

稱歐洲最美麗的購物商場。現在聖胡博拱廊街兩側是高尚的藝品店、咖啡屋及服飾店。

　　逛了一整天的古董市集早已疲憊不堪，極想找個咖啡屋坐下休息，趁機品嚐一下點心，在比利時不可不吃的是鬆餅與巧克力，街上的現烤鬆餅店飄來陣陣香味，無不大排長龍，可見其名氣之大。晚上遊客則可前往大廣場旁的小巷子餐廳，品嚐一下比利時有名的白酒燉淡菜，也就是孔雀蛤，你會發現每桌客人必點這道海鮮，若再加杯生啤酒，則可讓勞累全消。假如要避開觀光客，找個本地人光顧的海鮮店，可搭地鐵到聖凱薩琳站（Sainte-Catherine），這裡有接連幾家的海鮮餐廳，樓外閃爍的霓虹燈甚有台灣餐廳之風。布魯塞爾餐廳密度為歐洲之冠，有歐洲美食城之譽，果然名不虛傳。

莎布隆古董市集
March des Antiquaires du Sablon
地點：大莎布隆廣場
　　　（Place du Grand Sablon）
交通：可搭電車92、93、94號至Petit
　　　Sablon站。

拉馬洛跳蚤市場 Les Marolles
地點：吉多巴廣場
　　　（Place du Jeu de Balle）
時間：每天7:00-14:00（週日休）
交通：歐特街（Rue Haute）與布勞街
　　　（Rue Blaes）古董街
　　　搭公車27、48號至Porte de Hal站

沙布隆古董中心（Sablon Antique Central）
Sablon 39, 1000 Bruxelles

· 古董店 Espace161
　地點：Rue Haute 161, 1000 Bruxelles
· 古董店 Haute Antiques 207
　地點：Hoogstraat 207 Rue Haute,
　　　　1000 Bruxelles
· 古董店 Max & Sophie
　地點：Rue Haute 236, 1000 Bruxelles
· 古董店 VOLLE BLAES
　地點：Rue Blaes 132, 1000 Bruxelles

夢幻小城布魯日的古董之旅

蕾絲、宗教與美食的聖地

布魯日，如同一座夢幻小城，有著寧靜、優美與蘊含文化內涵的氣質。對於我的古董之旅，這裡有跳蚤市場、古董店及古董蕾絲，是嗜古尋寶者必訪之地。對老饕來說，這裡也是個迷人的美食之都，當地人認為這裡才是全比利時最佳的美食所在。

布魯日位在比利時的西北方，西法蘭德斯地區的低窪地，河道縱橫，形成極美的景觀，古代直稱為低地國。此地是典型的古城，保存著中古世紀的原始風貌，城裡有大量數百年前的哥德式建築。美術史上著名的「法蘭德斯畫派」就是發祥於這一地區，以其精細的描繪及自然光影的表現，開創油畫技巧的新境界。布魯日如睡美人般的歷史風貌，被聯合國教科文組織列為世界文化遺產。這個小城的獨特之美，還曾被票選為「世界上最美麗的城市」及「歐洲文化首都」。

在古董店找到流落海外的中國古瓷

布魯日城區內的古董店在 1990 年代有二十五家以上，至今尚有十餘家，分散在各街道小巷之中。在布魯日並沒有多家小古董店群聚的古董中心，逛街的時候不妨多留心一下，也許一間別緻的古董店就出現在你眼前。

史上流落海外的中國古董是我們這趟古董之旅的首要目標，一方面我對中國古董的市場行情比較了解，希望能夠淘到便宜的寶物；另一方面，海外的中國古董相對真實，因為海外中國古董大多是一、二百年前戰亂人禍等各種因素輾轉到達國外的，當時仿造贗品較少。此

上圖／布魯日完全符合我對夢幻小城的想像，寧靜、優美又蘊含文化內涵。

下圖／至今布魯日仍保持中世紀的傳統風貌，宛延的迪弗運河在城裡縱橫交錯。

逛街的時候不妨多留心，也許古董店就出現在眼前。

外，外銷瓷亦是海外中國古董的大宗，數百年來中國外銷歐洲的瓷器數量甚多，目前外銷瓷尚未形成炒作對象，是可搜尋的標的。尤其是清康熙前的瓷器，早期的外銷瓷尚保留純正的中國風格，而非日後受西洋風格影響的外銷瓷，這種純正味道的中國古瓷，如今在中國的市場行情是很高昂的。

　　比利時是個古董收藏風氣興盛的國家，據一位業者表示，此地的中國陶瓷收藏家就有六十位之多。而布魯日就有一家專業的中國古董瓷器商「馬克密修特中國古瓷館」（Marc Michot Gallery）。喜好中華文化的馬克密修特本人親切而熱心，率直又坦白地暢談他蒐集中國古董的經歷，讓此行喜獲不少一手市場資訊。馬克密修特以一個洋人的身分，熱愛中國古董，深入研究，而能優游在中國古瓷市場，這是很不容易的。因為中國人擅仿古物，仿古瓷器更是普遍而幾可亂真，很多台灣的收藏家即被古瓷的真偽所困，對瓷器視為畏途，而不敢大膽收藏瓷器。至於馬克密修特在中國古董的歷程與修為，如何鑑定識別，令人不免好奇。

　　原來馬克密修特有個喜歡古董的醫生父親，在此家世淵源之下，他從小便接觸古董，與父親出入拍賣場及古董店，耳濡目染下深有心得，起先從西洋古董入門，而後深入中國古董。他自 1970 年就開始經營古董生意，1990 年後則專精於中國陶瓷，他的興趣範圍廣從新石器

時代的彩陶至近代之淺絳彩瓷，皆有所涉獵。平常他的生意往來不侷限在比利時，而遍及全世界，尤其近年有很多遠東的買家跟他交易來往，透過網站，他就賣出不少件古瓷到中國。

對於博大精深的中國瓷器鑑定，即使身為華人，也是很難入門。對於這一點，他解釋說，他是透過西洋科學的研究精神，系統化地研讀大量書籍，並多接觸實物來充實古董知識，在他的辦公室書架上，可以見到大量的藏書。此外，他著重經驗與直覺，可謂是一位「眼學派」者。但重要的器物，他還是會送去鑑定單位做熱光檢測，補充認證，並提供客戶正式的鑑定書。

「你店裡的陶瓷是在歐洲收購或從中國尋找的？」我提問。

「我都是在歐洲收購的，這些早期來到歐洲的中國瓷能夠確保它的真實性，這年頭基本上不可能從中國採購了。最理想的收集途徑是直接向收藏家買，我也不排除從古董同業及拍賣場購買。」

說到這裡，馬克密修特的眼睛瞬間泛起了閃爍的光芒，興奮地敍述他的得意經驗：「在歐洲的確有很多的收藏家，他們的收藏累積了五、六十年，後來年歲老邁，甚或不在世，有些後代對此沒有多大興趣，急著處分拋售遺產。也有的收藏家是突逢經濟困境而急著求變

現，這是我最感興趣的，也是進貨的最好時機。」

馬克密修特意外透露了古董業經營的祕密，去年他就獲得四次這種千載難逢的機會，其中最幸運的是，他碰到一位三十年經驗的老收藏家，向他收購了一百件等級高的中國瓷器，這是難能可貴的機緣，因為現今古董市場贗品充斥，貨品來源的可靠性很重要。

當我問他對於未來古董行業的展望時，他卻忍不住興嘆：「雖然古董是迷人的，古董的愛好者對這項興趣永遠忠誠，但古董客戶近年來卻大幅縮減，這不只是比利時的現象，在歐洲其他國家也一樣。因時代的變化，新一代的年輕人對於藝術的品味趨向於當代藝術，未能欣賞傳統藝術。他們花錢的模式也與以往不同，他們是當下享樂主義者，喜歡美食、汽車及渡假，但就是缺乏文化內涵，這是很令人遺憾的事。」

「幸好目前中國古董逆勢成長，對我很有利。科技時代興起的網路，則拉近了世界人們彼此間的距離，收藏家與業者的交流更為方便。我的客戶有半數來自國外，其中30%是透過網路交易的。」

雖然遠距的網路交易是時代趨勢，但馬克密修特認為，古董陶瓷的觸摸鑑定，也就是「上手」，仍然是不可或缺的途徑。

上圖／專業的中國古董商馬克密修特喜好中華文化，
　　　收藏不少精美到代的中國瓷器。
下圖／馬克密修特收藏的清早期五彩將軍罐
右頁上圖／馬克密修特收藏的康熙青花小瓶
右頁下圖／馬克密修特收藏的康熙青花人物盤

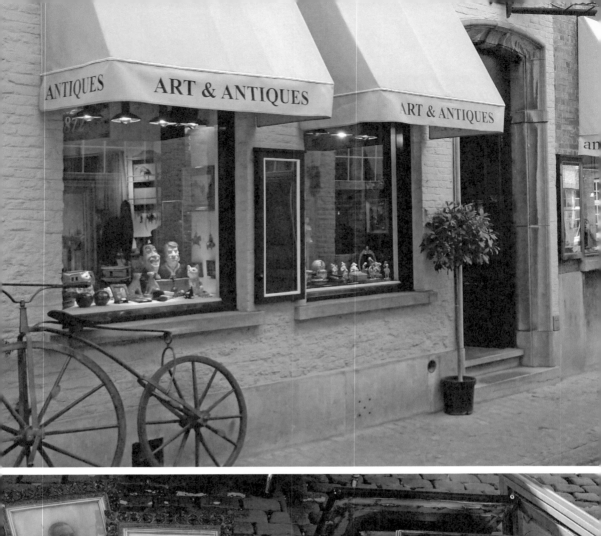

上圖／布魯日的這個魚市場愈來愈觀光化，手工藝品及旅遊紀念品增多。
左頁上圖／古董業近年來大幅縮減，這不只是比利時的現象，在歐洲其他國家也一樣。
左頁下圖／迪弗運河畔的古董攤

　　最近他正在準備 2013 年度的「BRAFA13 Fair」，這是全歐洲第三大古董展，每年元月在布魯塞爾舉行，他估計會有六十至八十位買家上門，其中半數來自東方。

▍秋日風情迷離的跳蚤市場

　　布魯日的跳蚤市場在每週末及週日舉行，但期間只在每年 3 月 15 日至 11 月 15 日，也就是冬天不舉辦。地點是在迪弗（Dijver）運河邊的迪弗街與同方向不遠處的魚市場（Vismarkt）兩處。跳蚤市場的一側是優美的迪弗運河，另一側是 15 世紀建築，在高聳的楓樹下，古董攤沿線一字排開，風格典雅的古董藝品與環境背景甚為相配，秋日迷離的風情令人陶醉。古董舊貨攤從比利時各地聚集到此買賣，獨特的古董藝品與老舊日用品並陳，跳蚤市場是可以尋寶與議價的地方，人們都期望在此獲得意外的驚喜，使布魯日的閒逛氣氛達到了高點。

　　魚市場在週末及週日化身為跳蚤市場，擺設古董藝品，這裡也是布魯日有名的廣場，庶民交誼的地點。魚市場在中世紀原是小麥交易中心，自 19 世紀初期，每天海鮮從北海運到此地市場買賣，後改建成堅固耐用的磨石子材質的魚攤。平常早晨賣完漁貨收攤後，換藝品

攤上場，魚攤清洗得很乾淨，毫無魚腥味。如今這個魚市場愈來愈觀光化，漁貨量交易變少，但手工藝品及旅遊紀念品增多。有時候，魚市場中庭鋪上光滑木板，便開起舞會來，帶來人潮及歡樂。

一寸蕾絲一寸金的生產重鎮

布魯日對「蕾絲控」（蕾絲迷）而言，是不可錯過的聖地，歐洲各地的古蕾絲生產重鎮至今皆沒落，唯有布魯日仍極力推廣，成為城市的特色產品。現在城中有十家大小蕾絲博物館及教室，櫥窗精美的蕾絲店在街道隨處可見。其中最有名的是耶路撒冷教堂旁的蕾絲中心（Kantcentrum），附設的博物館展示甚多具代表性的各式精美古董蕾絲，也同時開班授課和出版蕾絲雜誌。這裡從前原本是一間救濟院，同時收容貧困的寡居婦女或是孤苦無依的女童等，她們在此學習編織蕾絲的技能，並藉此獲得溫飽。

昔日布魯日婦女坐在門口編織蕾絲度日

此外，在各古董店也都有一些古董蕾絲展售，甚至有專業蕾絲的古董店，其中較有名的是洛可可（Rococo）和伊瑪（Irma）；店中有不少傳統手工的蕾絲製品，如細緻的桌巾、手帕，以各式的花形圖樣織成，甚至將小片精美的古董蕾絲裝框做為飾品或擺設，是布魯日頗負盛名的特產，吸引了不少外國觀光客駐足。

布魯日在中世紀末成為蕾絲生產中心，由於法蘭德斯的地氈、掛氈及編織業特別發達，其亞麻業居歐洲領導地位，舉世聞名的「婦女與獨角獸」掛氈即產自法蘭德斯地區。當時由編織技術發展出精細的結線與扭線，成為棒槌蕾絲的發展基礎。數十支的小棒槌在有如釘床的圖樣上纏繞，以至熟練滾動，其特點是細、鬆、透、輕。當年有些編織工畢生是經年累月地勤奮工作，許多時光在數不盡的交織中飛逝，才成一片成果。在蕾絲風靡的時代，一寸蕾絲一寸金，歐洲各國貴族，不分身分與性別，都競相在衣飾縫上圖樣華美的蕾絲，以示高貴。布魯日 17 世紀在技術上的熟練與產量，曾為這個地方賺進了不少銀子，也為當地婦女提供貼補家用的機會。

耶路撒冷教堂旁的蕾絲中心展示甚多各式精美古董蕾絲

維梅爾的油畫〈織花邊的女孩〉，畫中女孩正在進行的就是棒槌蕾絲。

價格昂貴的棒槌蕾絲做工繁複，是布魯日最負盛名的編織法。

夢幻小城布魯日的古董之旅——蕾絲、宗教與美食的聖地

　　但後來愛爾蘭等地發展的勾針蕾絲，其蕾絲緊密堅固，生產更有效率，而價格低廉。布魯日蕾絲的輕盈雖是優美，卻因手工費時、成本高昂的劣勢，而使布魯日的蕾絲逐漸走向衰微。

　　蕾絲的起源與宗教背景也有關，因為當初蕾絲就是為了鋪在神聖的祭檀或神職人員的長袍上，而所作的精巧裝飾。布魯日是一個宗教氣息瀰漫的城市，提供了蕾絲發展的淵源。布魯日街道漫步其間，舉目所見到處是古老寧靜的教堂與修道院，令人穆然起敬。其中最著名的是聖血禮拜堂（Heilig Bloedbasiliek），收藏有亞利馬太的約瑟收集的聖血遺物，由 11 世紀法蘭德斯伯爵帶領十字軍從伊斯坦堡攜回，珍藏至今。在禮拜堂內有絡繹不絕的遊客排隊，逐一在神職人員面前以手碰觸裝聖物的瓶子，希望聖潔的基督之血能洗淨自己的罪孽，神職人員以布立即擦淨瓶面，而下一位遊客也隨即遞補上前。

　　以當地人的觀點看來，布魯日最吸引人的旅遊主題是餐廳美食，以及溫馨好客的旅館，美食中最受歡迎的是淡菜，即綠色的孔雀蛤，通常有燉白酒或燉洋蔥兩種風味的煮法，只見每張餐桌的客人皆點上一桶淡菜，旁邊堆積如山的蛤殼，顯現這家餐廳的人氣有多旺。

右圖
魯日最著名的是聖血禮拜堂,吸引了許多遊客,圖中為手扶聖血瓶的神職人員。

左圖
魯日是瀰漫著宗教氣息的城市,舉目所見都是古寧靜的教堂與修道院。

次頁圖
小片精美的古董蕾絲裝框做成的飾品

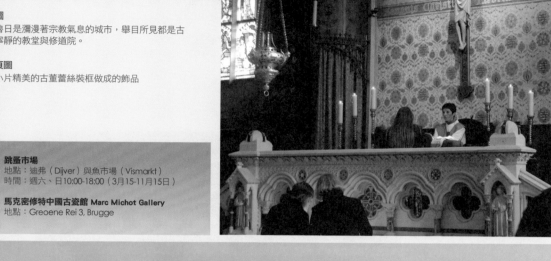

跳蚤市場
地點:迪弗(Dijver)與魚市場(Vismarkt)
時間:週六、日10:00-18:00(3月15-11月15日)

馬克密修特中國古瓷館 Marc Michot Gallery
地點:Greoene Rei 3, Brugge

盤踅運河間的庶民淘寶樂

荷蘭阿姆斯特丹的古董市集

當其他歐洲國家的藝術家仍在為貴族服務時，荷蘭的藝術早已走向大眾市場，這與其過去在航海及貿易上叱吒國際的歷史背景有關。荷蘭大眾收藏古董藝品的風氣迄今仍盛，光是在阿姆斯特丹就有阿姆斯特丹古董商場、新史皮格街一帶、滑鐵盧廣場市集、史佩廣場舊書市集等數個淘寶的好去處……

在荷蘭，普羅大眾收藏古董藝品的風氣淵源甚早，遠勝於歐洲其他國家。歷史上，當歐洲各國尚在神權或貴族統治之下，平民百姓的生活水準僅求溫飽，一般人家中只有一桌二椅及木製餐盤，過著簡樸的日子。而此時荷蘭民眾已在追求住宅的豪華陳設、餐具的精美及古董藝品的收藏。三百年前，當其他歐洲國家的藝術家仍在為貴族服務時，荷蘭的藝術家已走向大眾市場。荷蘭名畫家林布蘭特及維梅爾的客戶，大多是畫商與一般市民。古董的收藏風氣已普及化，不再是貴族的專利，而是市民可以企及的。那時社會的情狀，正如《林布蘭特傳》的作者房龍（Joannis Van Loon）所述：「並不是他們喜歡畫，而是他們知道，各國貴族家裡都裝飾著畫，所以他們自己也得有畫，因此無論販夫走卒、士農工商總擁有一大堆畫。」由此可見，當時荷蘭社會瀰漫著對藝術的附庸風雅與無限迷戀的追求。

對於荷蘭藝術收藏的淵源，首先要知道荷蘭經濟發展的背景。17世紀是荷蘭的「黃金年代」，他們在航海及貿易上居國際領導地位，在世界各地建立海外殖民地和貿易據點。當時政治情況較為民主自由，人們追求貿易商業利益，民眾也可小額投資荷蘭東印度公司。荷蘭民眾已享受資本主義的利益，邁向平等社會的現代化發展，成為世界上最早的市民國家。從

古董商場內有不少中國貿易瓷，有些還是沉船海撈瓷。

17 世紀初至 18 世紀末的二百年間，荷蘭是歐洲經濟最繁盛的地區，也是世界最富庶的地方，彼時富裕的中產階級掀起了收藏熱潮，成為新興的藝術消費者。

│ 阿姆斯特丹古董商場（Antiekcentrum Amsterdam）

　　一抵達荷蘭，筆者就迫不及待地循線來到阿姆斯特丹古董商場，每到一個城市探訪古董市場，我總是先找當地的古董商場（或稱古董中心），一來東西多、價錢公道，二來逛商場最為輕鬆自在。例如這個阿姆斯特丹古董商場雖由數十家古董商組成，但只委由兩位店員看顧，沒有店主在身旁亦步亦趨尾隨，客人可盡情看貨，把眼睛近湊器物前都無所謂。對古董商場攤主來說，他不必費時鎮日顧店，節省不少人力，也降低經營成本，對攤主與客戶都是個好辦法。

　　阿姆斯特丹古董商場是荷蘭最大的室內古董商場，至今已有三十五年歷史，面積廣達 1750 平方公尺，內有七十二家古董攤、九十座展示櫃，展示櫃內多是精緻中小件的古董藝品。

　　在古董商場裡，因時間有限的關係，我們有如狼吞虎嚥般地瀏覽尋覓，眼睛從一件快速

左圖／荷蘭的古董店到處可見中國明清時期的外銷貿易瓷　　右圖／台夫特陶工設計的青花瓷磚圖飾，價值視年分與稀有性而定。

移往下一件，其實都未能細看。我發現這裡中國貿易青花瓷很多，幸好每件器物都有標價，可以立刻換算成台幣，衡量其檔次，我認為價錢還算公道。商場內最多的是荷蘭青花瓷，幾乎每攤總有一、二件。荷蘭的青花瓷是荷蘭著名的文物特產，其圖飾很有中國味，形制除了盤、碗、罐之外，還有一種瘦長形的有蓋青花瓷瓶，可說是中國將軍罐的改良款。顯而易見，荷蘭青花瓷深受中國青花瓷器的影響，當時整個歐洲風靡中國瓷器，荷蘭皇家有意仿製中國青花瓷，特地從中國景德鎮採購白瓷釉和青花顏料，皇宮特派專人到台夫特籌建皇家陶瓷廠，1610 年開始仿製景德鎮的青花瓷，製成了藍白色調的荷蘭青花瓷。

在古董商場內也常看到一種荷蘭瓷磚，圖飾簡約古樸，這裡就有兩家專賣古董瓷磚的店。每塊瓷磚都包上玻璃紙保護，價錢從 40 幾歐元到 200 餘歐元，視年分與稀有性而定，原來瓷磚是荷蘭早年名聲大噪的產物。1630 年，台夫特陶工受到中國南京瓷塔的彩色瓷磚的啟發，設計了獨具風格的彩色陶磚，繪有充滿荷蘭民俗特色的花卉、人物及動物等圖案，供應歐洲各國室內的裝潢，曾蔚為風潮。

此外，最讓我驚喜的是古董商場內有不少的中國貿易瓷，有一些是沉船海撈瓷。內行人都知道，要買明末清初的外銷瓷器應該到荷蘭來找，因為荷蘭在 17 世紀時大量進口中國瓷器到歐洲，荷蘭民間收藏最豐。即使到現代，國際拍賣公司對於中國瓷器，也喜歡到荷蘭舉行拍賣，例如 1992 年荷蘭阿姆斯特丹拍賣約兩萬件海底沉船的中國瓷器。2007 年在此地蘇富比還舉行了連續三天的中國海撈瓷拍賣會，共拍了七萬零六件中國瓷器，拍品多是成批的杯、盤、碗、碟，拍品之多足供收藏家開個茶藝館。

每次在這類大型的古董商場，總要逛到眼冒金星，不得不在商場內設的咖啡廳坐下休息，但我總是心繫古董，僅坐一會兒，尚未休息足夠即又忍不住起身搜寶。當時我買了幾件價錢不貴的中國貿易青花瓷盤及一只綠釉茶葉小罐。這種茶葉小罐是明清時代隨中國茶葉外銷至歐洲的東西，甚為實用美觀，但在台灣卻極為少見。不過對於這些貿易瓷必須仔細查看，因有些青花圖飾是轉印的，其價值當然遠遜於手繪。此外，不要以為在歐洲看到的貿易瓷全部是中國製品，其實有些是日本出口的，不可不慎。

　　走出古董商場，才安頓下心來欣賞周圍的環境。古董商場坐落在藝術氣息濃厚的約丹（Jordaan）區，這附近有好幾家小藝廊、手工藝品店、設計師工作室、雜貨店、香草店及傳統市場，處處流露傳統與庶民的生活情調，瀰漫著隨意與閒散的氣氛。

阿姆斯特丹的古董街

　　在新史皮格街（Nieuwe Spiegelstraat）附近，約有七十多家古董店或藝廊。第一家古董店在轉角處，店面寬敞而古老，是一家古董瓷器專賣店，從遠處就看到擺滿櫥窗的青花瓷。

櫥窗內有古典優美的刺繡緹花仕女包，還有18世紀法國貴婦所穿的古董便鞋。

老舊的店面與櫥櫃裡擺著中國貿易青花瓷、克拉克瓷、台夫特青花瓷器、荷蘭老瓷磚，甚至希臘與羅馬的高古陶器。我還在牆角看到一堆中國廣東綠釉茶葉小罐，與我之前在古董商場購買的是同樣款式。綠釉小罐在此地價錢不貴，值得趁機全數收購，但我終究沒有商人快狠準的魄力，每次出國回來後，總是留下一些遺珠之憾。

　　走在阿姆斯特丹老城區逛街是愉快的，到處都是運河與橋樑，這些運河形成同心圓往外延伸，幾乎每條道路都是沿河平行，兩岸房屋是白色山形牆裝飾的建築，樣式各有千秋，樸素中帶有趣味性。沿著辛格運河邊還有一家中國古瓷專賣店，擁有不少相當高檔的明清瓷器，令人眼睛一亮。我毫不遲疑地推門進去，發現店內已另有中國來的客人，看似來淘寶的古董商，正以手機連繫同伴，明顯的，他們是特地來荷蘭找中國古董的。店主對中國瓷器相當內行，他看到我在玻璃櫥櫃前仔細審視，過來認真地告訴我：「這件是康熙的，隔壁那件是雍正的。」

　　「你們有沒有海撈瓷？」我順便問。

　　「沉船的海撈瓷？沒有，我個人不喜歡海撈瓷，因為瓷器表面被海水浸蝕，釉色晦濁無光，就瓷器的審美觀而言，其實是一種缺陷。」這位店主果真內行，一般洋人迷戀海撈瓷的歷史故事與文物價值，而不計外表，但終究品相不夠完整美麗。海撈瓷在中國收藏界的評價，也算不上是高檔的。

　　店主端起一只繪滿紅綠紋飾的廣彩瓷，一本正經地說：「廣彩瓷生產於廣州，其構圖繁雜擁擠，粉彩繪滿整個瓷面，而且還加描金，其圖飾之華麗豐滿與中國水墨之留白淡雅，大為不同。

上圖
一家古董瓷器專賣店擺滿櫥窗的瓷器，有各式中國貿易瓷、克拉克瓷和台夫特老瓷磚。

右頁左下圖
史皮格街有七十多個藝術古董店分布在附近

右頁右下圖
新史皮格街一家藝廊中的當代藝術雕塑

商人在景德鎮購買白胎運至廣州，依洋人的喜好或指定的圖樣上釉彩繪，在珠江南岸燒製，再外銷出口。瓷器從景德鎮轉到廣州來生產，是為了降低成本與提高效率，專為外銷而安排的。」

　　熱心的店主還滔滔不絕地想繼續給我們講述中國瓷外銷歐洲的故事，可惜我們無暇聽講，匆忙地趕赴下一個目標。

　　古董街上另有各類的古董專業店，如古董儀器、古董地圖、古書店等。有一家店裡擺著大大小小的古董地球儀，年代久遠的動輒上千歐元，價值不菲。附近還有幾家古典美術與當代藝術的畫廊，顯現荷蘭美術百花齊放的盛況。穿梭在這些林林總總的古董藝品店裡，發現老闆與店員們都精通荷蘭語、法語或英語，可以輕鬆招呼各國旅客。

　　荷蘭古董最引人注目就是青花瓷。中國外銷貿易瓷是從明代嘉靖 1557 年歐洲人來華進行貿易開始，直到 19 世紀中葉歐洲的東印度公司全面解體為止。克拉克瓷是中國外銷瓷的一大宗，它的圖案通常為瓷盤中間有一個主圖飾，外圈有多個開光圖案。此一名稱的由來是因為 1602 年荷蘭東印度公司在海上搶劫了一艘葡萄牙克拉克式商船，船上有大量中國多開光圖案的青花瓷，荷蘭不知其名，故以船名稱之。

上圖
滑鐵盧廣場市集曾是荷蘭最大的跳蚤市場，攤位大多展售五花八門的藝品與二手貨。

下圖
挖泥船在運河上撈腳踏車，挖斗每一伸手都有大有斬獲，引起圍觀群眾陣陣驚呼。

左頁圖
秋高氣爽的時節走在阿姆斯特丹老城區，隨處可見運河與橋樑。

　　中國康熙青花瓷的胎質與紋飾皆精美，在古董市場甚為名貴，價錢極高，不易尋得。但清代康熙瓷在荷蘭卻常見，乃因康熙時期正是荷蘭海權與貿易極盛之時，進口的中國外銷瓷十分豐富，品質也好，在歐洲以平易價錢買到康熙瓷不是難事，但要注意 19 世紀光緒年間仿製的康熙外銷瓷也很多，仿製品常落款「康熙年製」，可謂欲蓋彌彰，有該款者多半是光緒時期所為，絕少真正康熙年代製造。不過清光緒至今也有一百多年，足稱古董了。

滑鐵盧廣場市集（Waterloopleinmarkt）

　　滑鐵盧廣場市集在阿姆斯特丹市中心，是旅遊資訊都會介紹的觀光勝地。這裡曾是荷蘭最大的跳蚤市場，展售五花八門的藝品與二手貨，很有波希米亞的浪漫風格，曾是嬉皮、大麻客聚集的地方。在歷史上，滑鐵盧廣場市集原本是販售日用品的傳統猶太市場，在二戰期間猶太人受到嚴重的迫害，使市場生態產生極大的轉變。後來更由於市政用地的規劃，使滑鐵盧廣場市集的面積大為縮小，如今市場約有三百個攤位。

　　廣場上人多，川流而過的腳踏車也多，我們不再懷疑阿姆斯特丹七成人口是以腳踏車代步。甚至連運河裡都遍布腳踏車，因為絕大部分廢棄的腳踏車都被丟進了運河。我們正巧看到挖泥船在運河上撈腳踏車，挖斗每一伸手都大有斬獲，引起岸邊、橋上圍觀群眾的陣陣驚呼。

　　對古董淘寶者來説，滑鐵盧廣場太過觀光商業化了，屬於外地遊客的逛街景點，在這裡是很難找到古董的，所以我們在市集繞一圈，花不到一小時就結束了廣場市集之旅。

　　荷蘭最特別的跳蚤市場是每年 4 月 30 日的「荷蘭女王節」（Koninginnedag），這一天荷蘭人都可以在自家門口或熱鬧市區的任何地方擺攤子，出售各式各樣的私人寶物，不受任何法規限制。許多人前一天晚上就到街上占個好位子，有如嘉年華之歡樂。這天共襄盛舉的居民和觀光客都穿著一身的橙色，以符合節慶的宗旨，因為荷蘭皇室姓氏即為橘色（Oranje）之意。收藏家與業者則趁機淘寶，或許有幸可找到人家祖傳的珍藏。

│ 史佩廣場舊書市集（Artplein Spui）

　　一個城市的舊書市集總是令人嚮往的，史佩廣場鄰近辛格運河畔的阿姆斯特丹大學，是阿姆斯特丹最有人文藝術氣息的地方，周圍聚集不少書店及古董店，每週五有一場舊書市集。舊書攤沿著大樹及老屋牆下擺設，滿攤燙金羊皮的精裝書甚有古典情調與文化氣氛。雖然荷文不易完全理解，但秋色如金的情境下，迷人的氛圍即足夠讓人沉醉。舊書攤上也有不須識

語文而宜於欣賞的，如古銅版畫、古地圖、繪本及舊海報與卡片。最吸睛的是以一串串色彩繽紛書型製成的耳環與胸針，相信為世界僅見，我想文藝女青年與女書蟲一定會愛不釋手。

舊書攤主則齊聚走道中間喝咖啡聊天，大家都神情愉悅、從容自在。既然選擇舊書買賣為業，長久受此薰陶，當能養成超脫凡俗的氣質吧。

逛書攤累了，旁邊就有一家名聞遐邇的咖啡與啤酒屋，開業於 1670 年的候普咖啡（Café Hoppe），幸好碰到上班時間，我們得以進入右側店面用餐，選個好座位悠閒地坐下休息，否則這家店傍晚後常人滿為患、座無虛席。啤酒屋內的擺設裝潢，三百餘年來未曾改變，橡樹實木吧檯與桌椅早已磨得烏黑油亮，店內燈火幽渺，散發出悠久歲月所留難以言宣的餘情

韻味，泛黃古老的牆面陳列的滿是各式酒瓶，老邁的白髮服務生倒和店內氛圍相得益彰。點了煙燻鮭魚三明治與水質純淨的荷蘭生啤酒，當然，餐後也要來一份招牌的 Bruin 咖啡，配上可口的牛油餅乾，堪稱旅人的一種享受。

廣場左側有一棟引人注目的新藝術風格建築，牆上繪著捲曲線條的人物與花卉圖飾，充滿了世紀末美好年代的藝術風情，值得駐足欣賞。這棟建築原是一家攝影藝廊，如今為日本餐廳兼咖啡屋。

上圖
一串串色彩繽紛書型製成的耳環與胸針，令人愛不釋手。

下圖
候普咖啡店內燈火幽渺，散發出悠久歲月難以言宣的韻味。

左頁圖
史佩廣場有舊書市集，迷人的文化氛圍讓人沉醉。

上圖／新藝術風格建築的牆面繪著捲曲線條的人物與花卉圖飾　下圖／艾伯特蓋普傳統菜市場的醃鯡魚是荷蘭有名的平民美食

阿姆斯特丹古董商場 Antiekcentrum Amsterdam
地點：Elandsgracht 109，1016 TT Amsterdam
時間：週一至週五11:00-18:00，
　　　週六、週日11:00-17:00，週二休息。
交通：搭電車7、10、17號至Elandsgracht站

新史皮格街 Nieuwe Spiegelstraat
交通：可搭乘電車1、2或5號至領導廣場（Leidseplein）站
　　　滑鐵盧廣場市集（Waterloopleinmarkt）
地點：Waterlooplein，1011 PG Amsterdam
時間：週一至週五9:00 -17:30，週六8:30-17:30。
交通：可搭乘電車9、14、51號到達

史佩廣場舊書市集 Artplein Spui
地點：史佩廣場
交通：可搭乘電車1、2或5號至史佩（Spui）站
時間：每週五10:00-18:00

　　若想品嘗荷蘭的道地美食，又不想花太多錢，可轉到艾伯特蓋普傳統菜市場去吃醃鯡魚，這是荷蘭有名的平民美食，也最宜在露天攤大快朵頤。正如同台灣的傳統小吃一般，坐在攤前第一排，叫盤醃鯡魚，淋上酸黃瓜和洋蔥末，最好仿效傳統荷蘭人以手指夾起，仰頭直接放進嘴裡，閉眼品嘗這份鮮美的況味。請別預設醃魚會太鹹或太酸，它竟然鮮嫩可口，毫無魚腥味，口齒留香令人難忘。當然，要是能再喝一口生啤酒，就會讚賞這是天下絕配。攤位上掛了好幾張照片，原來荷蘭女王碧翠絲也曾親臨這家路邊攤呢！

踏著中世紀石板路尋寶去

巴黎瑪黑區的古董市集

巴黎瑪黑區兼具布爾喬亞及波希米亞的特性，至今仍維持著中世紀的建築與格局，充滿歷史文化與藝術氣息。在此聚集了不少古董店、藝術工作室及文創小店，還經常舉辦跳蚤市場與古董市集。來到這裡可以逛老街，更能盡情尋寶。來到巴黎不要只待在熱門的觀光區，到瑪黑區一探，或可更貼近巴黎人真實的生活。

古意盎然的聖保羅街

古董既是賞心悅目之物，逛古董市場尋寶自然也要講究美好的情境與氣氛。我們尋寶的目的不只是要淘到珍寶，也要享受古董市場的懷舊氛圍。我不喜歡只為飽食而貪婪地囫圇吞棗，我希望以優雅的姿態追求尋寶過程的愉悅。嗜古人士的夢幻古董店與古董市集，是坐落在老街巷和老聚落的懷舊氛圍內，具有濃郁藝術氣息的區域。古董店也最好開設在迷人的地方，方能讓古董器物彰顯它的文化與藝術價值。對於巴黎這個美麗的大城市來説，最符合這個理想的夢幻區域，應該就是瑪黑區了。

瑪黑區保留有巴黎最古老的建築群，巷弄交錯、老屋聳立，擁有獨具特色的靈魂。瑪黑區同時是個古董市場的世界，這裡聚集了不少小古董店，時常舉辦古董跳蚤市場及高檔古董商展。瑪黑區也是巴黎最布波（bobo）的區域，在小巷弄裡的設計師創意小店、古董店、藝廊與時尚餐廳，是 bobo 族追求的生活方式。「bobo」這個新名詞，也就是形容兼具中產階級的布爾喬亞（Bourgeois）與浪漫不拘的波希米亞（Boheme）性格的人。Bobo 人有

在聖保羅街有多家古董店與藝術家工作室，此拱門為聖保羅藝術村的入口。

經濟能力，但不追求時尚與名牌，喜歡創意與稀有的東西。

　　Bobo 族早已存在於世界各大都市裡，例如在台灣喜歡逛跳蚤市場的人，很多是醫生、設計師、建築師、律師等高收入的人。他們經濟無虞，但喜歡逛雜雜亂亂的跳蚤市場，熱愛老舊殘缺卻風格獨特的民藝品，買得起珍奇古董，他們就是台灣的 bobo 族。

　　瑪黑區街道多，是個廣闊的區域，令人不知從何逛起。我們逛古董店，當然要找古董店聚店成市的地方，那麼此區古董店最密集的地帶就是聖保羅街與街內的藝術村了。旅人的時間寶貴，我們一大早就到達聖保羅站地鐵站，走聖安托萬街（Rue Saint-Antoine）再轉進聖保羅街。踩在石板路上，感受昨夜微雨所遺留下來的清新，享受這份難得寧靜的愜意，想像是世紀末美好時代，巴黎紳士貴婦挽著手隨意漫步在街頭。雖說逛古董市場應悠閒，安頓好心情，但一看到古董店出現在眼前，還是按捺不住心頭那股興奮。

　　歷史悠久的聖保羅街，自 1350 年起就是這個街名了，街道兩旁的樓房都很古老，厚厚的牆壁是由一塊塊大石頭砌成的。沉重結實的石塊好似在巷弄間仍迴響著當時魯特琴古雅的

ROSIE
1ST
7c!

上圖／古董店裡的鴉片煙器具，精美少見。　下圖／古董餐具店裡點綴著神色生動的瓷貓

情調，旋律緩慢而細膩。一樓臨街的櫥窗則貼
著大片透明玻璃，擦得一塵不染，如此新舊極
端的對比，又令人耳目一新。

　　隔著玻璃櫥窗即可透視店內風景，一家內
部幽暗的古董店，內有不少中國瓷器及銅器，
在顯著位置擺了兩組抽煙器，我端詳好久終於
明白，原來這是抽鴉片的道具。從前台灣與中
國都有不少抽鴉片的人，卻少得見這般精美的
煙斗，也許當時林則徐禁煙，連抽煙器也一併
銷毀了。另一家專賣老餐具的古董店，在銀壺
與瓷盤間立了好幾隻神色各異的可愛瓷貓，顯
然這裡有個愛貓的女老闆。

聖保羅藝術村的夢幻收藏

穿過街屋開口的拱門，走進中庭，不規則的空間花木扶疏，這就是聖保羅藝術村（Village Saint Paul），聚集了很多藝術家工作室與古董店。這裡最早是以舊貨古董為主，後來加入了其他設計與創意的店。要不是藝術村的設立，遊客也不容易走進拱門內的私域中庭，一探法國老建築院落的格局。瑪黑區的古建築特別多，保留了很多 13、14 世紀中世紀房舍。瑪黑在法文即為沼澤（Marais）之意，因為瑪黑區原本是沼澤地，地質鬆軟。19 世紀中葉，奧斯曼男爵的巴黎大改造，深怕沼澤地層下陷而不敢對瑪黑區大興土木，卻意外地保存了老巴黎的原貌，如今才可以看到這種曲折的巷道與不規則的中庭。

藝術村迎面而來的第一家店，是賣舊洋娃娃與老玩具的店，店主正在門口擺幾張椅子與桌子，把貨品鋪上。我正要舉起相機拍照，店主遠遠就揮手呼叫，但我們不清楚他在喊些什麼，以為他在制止我們拍照，趕緊把相機收起來，後來才知道他是熱情招呼我們入內參觀。

古董娃娃是法國的古董強項，在各古董店與古董市集都可看到她的芳蹤，瑪黑區的龐畢度中心附近還有一家世界知名的洋娃娃博物館。店主看我們似乎很有興趣，遂熱心地逐一介紹每尊娃娃的廠牌與年分及個別的特徵、稀有性與價值。他熟知同一廠牌娃娃的演進，在不同的年分有不同的風格，例如嘴閉緊的，年代久價格較高，開口露齒的，年代近價格較低。古董的評量就是在細微的差異間，其價錢差以千倍計。他又說：「世界娃娃最有名的品牌在法國與德國，德國娃娃由於量產，故價位較低，法國娃娃則手工製，量少又精緻，故價位高。法國最著名的娃娃品牌是『吉夢』（Jumeau），但吉夢堅持手工精細製作，甚至連深邃晶瑩的藍色玻璃眼球還遠從英國進口，成本過於昂貴，最後不敵機器量產的德國工廠，終落得歇業關廠。」他對於古董娃娃的學問可謂如數家珍。

櫥窗內還有幾尊日本古董娃娃，他一派輕鬆地說：「我太太是日本人，她負責東京的西洋古董店。」

古董娃娃也是法國的古董強項，在各古董店與古董市集都可看到她的芳蹤。

　　原來這是一家巴黎與東京連線的古董店,還真是浪漫,兩個古董的愛好者分別在兩地尋貨經營,事業上正可以互補。不過,一年裡能見到幾次面?這樣遠距也未免太累了吧。

　　歐洲古董娃娃是日本人的夢幻收藏,早年很多珍品被日本人收購,在日本就有好幾家歐洲古董娃娃專賣店,日本的古董市集也必有古董娃娃攤。據說日本甚至有洋娃娃迷,自己省吃儉用,但不惜花費鉅資給洋娃娃添製高檔服飾。

　　最早這些美麗的陶瓷娃娃並非做收藏或賞玩之用,而是當小型服裝模特兒。當時交通不便,法國的裁縫師將其設計的服裝,縮小比例穿在洋娃娃人偶上,再寄給法國或歐洲其他國家的貴婦,仕女小姐們看到人偶穿的衣服樣本後,再依自己的喜好選擇訂製服飾,所以陶瓷娃娃原是為了服裝展示而做。但因陶瓷娃娃作工精細,其衣飾反映一個時代的時尚潮流,深受人們喜愛並珍藏。

　　到了 19 世紀中葉由於中產階級興起,出身富裕的孩童藉由玩賞娃娃,學習裝扮和社交禮儀,裝扮成不同職業的娃娃,正具有引領孩童社會化的教育功能。當時由於市場廣大的需求,有工藝師和專業廠商製作洋娃娃販賣,著名的廠商如 Jumeau、Stainer、Gautier 等名牌,搭配各款時尚配件和縮小比例的娃娃屋販售,成為一項獨立的產業。後來因精品價值不菲,較高檔的手工娃娃晉升為大人的收藏,到了 20 世紀更成為一項珍貴的古董品項。

　　藝術村內另一家醒目的店面是販賣古董服飾的,門口吊掛著好幾頂世紀末的舊帽子。很多東方女性對歐洲古典帽子趨之若鶩,喜歡收藏幾頂,事實上不見得有什麼場合可以戴,只是想以較少的價錢與空間,擁有一點歐洲的古典風情。對於老服飾,她們稱之為 Vintage(復

古服裝），絕不稱二手衣。在巴黎最大的古董區聖湍市場就有特別的古著專賣區，高高懸掛著 Vintage 的店招。巴黎、倫敦等這些服裝設計業發達的城市，其古著業也都很興盛，據說服裝設計師喜歡從古著找靈感。比起其他地方，巴黎古著的價位顯然高些，其內斂的優雅，流露著簡約耐看的美感，以樣式和質感取勝。

走出迷人氣息的藝術村，轉向瑪麗亞街（Rue de l'Ave Maria），轉角處是兩家相鄰的老蕾絲古董衣店舖，由於浪漫的歐洲蕾絲在日本和韓國正熱，日本的「蕾絲控」很多，日本的雜誌早就來這兩家店做過採訪報導了。可惜我碰到非營業時間，店門深鎖，只能隔著玻璃探視高掛牆上細緻優美的百年蕾絲禮服、古董洋裝，看看貼在店門口的日文雜誌剪報。

藝術村裡的跳蚤市場

沿途見著聖保羅街上空橫街掛著跳蚤市集的黃布條，到處貼著醒目的 Brocante（跳蚤市場）海報，聲聲召喚著客人。這個市集正好是第二天舉行，洋娃娃店老闆告訴我們，這個跳蚤市場是露天擺攤的 Flea，聽來也像免門票的 Free。不管要不要門票，在藝術村裡舉辦跳蚤市集一定有特殊風情，不可不看，於是決定隔天再來一趟。

第二天一早我們又來了，跳蚤市集的攤子就擺在藝術村中庭，沿著牆下與樹叢間而立。這裡沒有呼嘯而過的車輛，逛起古董攤來相當輕鬆愉快。市集規模不大，主要的是銀餐具、蕾絲織品、瓷器、銅雕藝品、油畫、首飾珠寶和舊書等等。令我印象深刻的竟有一家中國古董專賣店，不過店內的貨絕大多是仿造品。在角落看見一攤小提琴專賣店，我心喜前往逐一檢視，發現都是些低檔琴。在舊書攤發現一本第一版的雨果詩集，開價高達 200 歐元，前天在旺弗跳蚤市場曾看到訂價 90 歐元的第二版雨果詩集，古董書籍就是這樣，版本是決定價差的關鍵。

仔細觀察，在琳琅滿目的攤位有不少新藝術風格與裝飾藝術的雕塑藝品，例如曼妙姿態的跳舞少女、希臘女戰神等，還有色彩繽紛的第凡尼檯燈與彩色玻璃瓶，新藝術風格的雕塑藝品是我的新歡，也許就是下次到歐洲採購的目標呢！而我這次唯一買進的是一隻古董鐵貓咪撲滿，形貌古樸可愛，曾在荷蘭的小貓博物館看到這一款的藏品，想必當年是件特別的器物。

其實聖保羅村在十多年前是個熱鬧雜亂的舊貨古董市場，平日就有很多的藝術家與手工藝攤位，充滿波希米亞的浪漫風情，比現在更熱鬧，這才是世人印象中的瑪黑區。十年前巴黎市政府為整頓市容，平日不容擺攤，重新加以規劃，想把這個區域改造成高檔古董店和設計工作室混搭區，可惜轉型並未成功，原來活絡的市集就此變得冷清許多。畢竟不是每個古董販子都承租得起昂貴的店面，也不是每個貧窮的藝術工作者都能夠付得起租金，成立一個工作室。

巴士底廣場大型古董商展

瑪黑區的古董絕不僅於此，在另一端的巴士底廣場，正舉辦著一場大型的古董商展。主辦單位搭起白色帳棚的臨時屋，沿著塞納河支流兩側延伸，共有三百五十個專業古董攤。門票可不便宜，索價 25 歐元，但不容猶豫，機會難得還是必須看個究竟。雖是臨時屋，但裡面滿是高檔的古董藝品，金銀器、銅雕、瓷器等皆閃閃發光，可謂金碧輝煌，有如博物館般。

上圖／琳琅滿目的攤位中有不少新藝術風格的雕塑藝品
右頁上圖／街道上空橫街掛著跳蚤市集的黃布條，到處貼著醒目的Brocante（跳蚤市場）海報。
右頁下圖／藝術工作室窗內一位年輕的女陶藝師正專心一意地工作

上圖／藝術村內最早是以舊貨古董為主，後來加入了其他設計與創意店。
左下圖／巴士底古董展除了法國本地商家外，還有荷、比與英國等海外的古董商。

中下圖／巴士底古董展中滿是高檔的古董藝品
右下圖／巴士底古董展白色帳棚的臨時屋，沿著塞納河支流兩側延伸。

孚日廣場是巴黎最古老的廣場，四百年前由法王亨利四世所建立。

一尊 15 公分高的中國書生象牙雕，容貌生動線條流暢，附加一個精美紫檀座，開價 450 歐元，一只中國貿易克拉克大瓷盤 350 歐元，也都不貴。其他中國貿易廣彩咖啡杯與滿彩瓷器，也都美不勝收。最引我注目的是市集內有一間提琴店，賣琴兼做維修，布置成一處提琴工作室的場景，顯現師傅的專業與藝術性。現場參展的古董店除了巴黎、里昂等法國本地商家外，還有來自荷、比、英等國古董商也共襄盛舉。

　　展場中央設有休息區，提供餐點飲料，包括有法國著名的國民甜食可麗餅。來到巴黎好幾天了尚無暇品嘗，立刻選個座位，點了一份奶油可麗餅與咖啡，順便喘口氣歇息。一直逛到天黑，帳棚內的燈光都點亮了，古董攤陸續收攤了，才依依不捨離場。此時皎潔的月色映

雨果熱愛中國古董藝品，曾四處尋買收藏，屋內中國廳陳設甚多的中國古董與青花瓷。

照在波光粼粼的塞納河上，情景格外迷人。

其實瑪黑區還有很多藝術家工作室及創意小店散落在小街巷裡，在我不夠悠閒的腳步與匆忙的眼神中閃過。有家別具特色的陶藝工作室引起我的注目，玻璃櫥窗內一位年輕的女陶藝師正專心一意地工作，專注的精神，默默虔誠地完成她手中的作品。

孚日廣場的雨果故居

此外，瑪黑區非去不可的是孚日廣場，四百年前法王享利四世在此建立了巴黎首座廣場，四合院圍繞的大型公寓，有著寬敞的拱廊，之後貴族們陸續在附近建立豪宅。孚日廣場的一

樓，從前應該是商業鼎盛的店家，想像拱廊下必定遊客熙來攘往，人聲雜沓。也許是上午時分，此刻人潮稀落，僅見幾家畫廊、古董店與咖啡屋開門迎市。孚日廣場最有名的住戶是大文豪雨果，他是充滿悲天憫人思想的作家，也就是小說《鐘樓怪人》及《悲慘世界》的作者。他在此住了十六年之久。雨果的故居現已開放為紀念館，雨果熱愛中國古董藝品，曾四處尋買收藏，屋內有座中國廳，陳設甚多的中國古董與青花瓷。雨果流亡根西島期間，在小島上除了持續不輟的文學創作以外，日常生活中的樂趣之一便是和情人茱麗葉結伴閒逛舊貨店及購買古董，在根西島不到十年的時間裡，買下中國古董藝品竟有四十八次之多。雨果與茱麗葉的愛情深厚，不管他們在一起或分開，茱麗葉每天都要給雨果寫一封情書，直到她七十五歲去世為止，近五十年來從未間斷，累積了將近兩萬封信件。

　　來瑪黑區尋幽訪勝的遊客好像都一致湧向薔薇街，街上人潮絡繹不絕。這裡的歷史氣氛更為古老，窄狹曲折的街巷更有中世紀的氣息。薔薇街從 13 世紀起就是有名的猶太區，這裡有猶太教堂、貝果糕餅店、猶太餐廳等。在街上不時有黑衣黑帽留髯髮的傳統猶太人迎面走來，更多的是慕名而來的觀光客。

　　午餐時間，就近到聖安托萬街的一家越南餐廳吃飯，主要是看中它櫥櫃內豐盛的食材，分量多又便宜。我們已結結實實走了五個小時，最需要休息與補充體力，此刻越式的東方料理很適合我的脾胃。來到瑪黑區不愁沒有美食，此地向有名聲的是異國美食，甚具特色又經濟實惠。在大街小巷很容易看到猶太餐廳、中餐廳、日本料理、土耳其 Kebab、泰式料理與越南餐等等，頗符合 bobo 族向來喜歡賞鮮之特性。

上圖
薔薇街從13世紀就是有名的
猶太區，沿途有糕餅店、猶
太餐廳等。

下圖
薔薇街窄狹曲折的街巷深具
中世紀氣息

左頁圖
孚日廣場寬敞的拱廊顯得古
老而寧靜

瑪黑區古董市場
地點：聖保羅街及聖保羅藝術村
交通：搭1號地鐵在Saint Paul站
　　　下車

在時髦的巴黎展現
路邊攤的驕傲

巴黎的旺弗跳蚤市場

巴黎的旺弗跳蚤市場（Marché aux Puces de la Porte de Vanves）向來是與聖湍跳蚤市場齊名的，在業界素有「北聖湍南旺弗」之美譽。旺弗擁有古董路邊攤獨特身分的驕傲，在時髦的巴黎街道仍保持傳統跳蚤市場的風格及正統路邊攤的型態，業主身兼第一手販仔，沿襲跳蚤市場天未亮即開市的優良傳統。現今旺弗尚保持傳統跳蚤市場的風味，要進貨的業者與遠道而來的單幫客都會專程到這裡找貨，內行的淘寶客到巴黎也絕不會遺漏旺弗跳蚤市場。

| 「北聖湍南旺弗」的跳蚤市場

在巴黎逛街，最佳去處不是只有香榭大道與春天或拉法葉百貨公司，巴黎的跳蚤市場也是歷史悠久、享有國際聲譽的。對於嗜古如命的我來說，出國旅行久已不去百貨公司血拼，香榭大道早已印象模糊，但我到巴黎非逛跳蚤市場不可。說到巴黎的跳蚤市場，最有名的當然是聖湍跳蚤市場，這裡早享國際盛名，已成為熱門觀光勝地。尤其近年全世界的跳蚤市場蓬勃發展，遊客紛至沓來，因此聖湍的價位也跟著水漲船高。太昂貴的古董會讓買家卻步，

在中世紀時期的巴黎，資源回收業者大多聚集在聖母院前從事買賣交易。

而失去逛市集尋寶的樂趣，有識之士自然另覓他途。其實巴黎的跳蚤市場不是只有聖湍，還有另一個市場的名氣可以與聖湍相抗衡，那就是在市郊南端的旺弗跳蚤市場，業界素來有「北聖湍南旺弗」之美譽。由於現今旺弗尚且保持傳統跳蚤市場的風味，貨真價實，要進貨的業者與各國遠道而來的單幫客，都會專程到旺弗跳蚤市場去找貨，內行的淘寶客來到巴黎是絕不會遺漏旺弗跳蚤市場的。

旺弗跳蚤市場雖然沒有聖湍的盛名與熱鬧，但卻擁有其自身的驕傲，它的特色即在於其歷史感及稀有性。旺弗自認是正統路邊攤的型態，沿襲跳蚤市場天未亮即營業的傳統，業主

19世紀巴黎的跳蚤市場

身兼第一手販仔。而聖溫則已進化至擁有固定店面的市場，貨色是批來的，其中不知已轉過幾手了。

　　中世紀時期的巴黎，貧窮的拾荒者撿取家戶淘汰的廢棄物，並逐項分類為各種可用之物，如碗盤、毛皮、衣物或金屬等。彼時拾荒者拉著垃圾箱般的人力車，車上掛著鉤夾，沿街收集舊物，以蹣跚的步履推車前進，歷經滄桑的嗓音叫喊著：「有舊衣、廢鐵、破銅要賣否？」

　　當時這些資源回收者大多聚集在聖母院前從事交易，購買舊衣之顧客也是窮困民眾。至於王公貴族淘汰的衣物，則在聖殿區皇家宮殿的二手精品店販售，購買者為中產階級。

　　直到 1860 年巴黎市容大改造時，不容雜亂的資源回收場繼續留在市區，於是業者被驅趕至郊區，位於巴黎城牆之外，介於軍事陣地與民房之間的荒涼地帶，因此正好在巴黎東西南北的端點形成四個大型跳蚤市場。今日尚存有北部的聖溫、南部的旺弗及東部的蒙特利（Montreuil）等三個郊區市場，以及一個市中心的阿里格市場（Marché d' Aligre）。其中的蒙特利跳蚤市場與阿里格市場賣的大多是二手日用品，古董屬性甚低，我來巴黎多回，始終未將其排入跳蚤市場之旅的行程。

　　巴黎的地鐵四通八達，位在城市邊緣的旺弗市場也可搭地鐵輕鬆前往，只要搭乘 13 線到旺弗站下車即可。假日清晨的郊區顯得人疏車稀，經人指點一下方向，不難到達，本地人皆知跳蚤市場所在。整個跳蚤市場就位於馬克桑尼耶大道（Ave. Marc Sangnier）及喬治拉弗內斯特大道（Ave. Georges-Lafenestre）兩條路上，圍繞著法杭斯維昂公立中學（Lycée

上圖／人行道上一字排開的古董地攤　下圖／昨夜下過雨，空氣特別清新、地面微濕，這氣氛就像法國香頌予人浪漫輕快的好心情。

François Villon），旁邊有一座迪多運動場（Stade Didot）。不可不知的是，馬克桑尼耶大道的古董市場只有上午營業，因為開市得早，中午後陸續收攤，到下午 1 點就撤退完畢。從下午至晚上，這地方就搖身一變換成服飾與雜貨市場。而喬治拉弗內斯特大道的古董市場則是整天營業。旺弗跳蚤市場又名「迪多之門市場」（Marché de la Porte Didot），因為旺弗與迪多這兩個舊城牆門的遺址緊密相鄰。

才一大早天未亮，攤商就開著貨車到自己的位置，打開後車廂門，把貨拉出來擺放。這個市場是以露天或搭篷的方式展示在人行道上，一旁是學校圍牆及高大的街樹，沿途綿延不絕的攤位一字排開，總共有三百八十攤左右。此時週末放假休息的校園，少了人來人往的車馬喧囂，氣氛寧靜祥和。前一夜剛下過雨，空氣特別清新，地面微濕，這氣氛就像法國香頌音樂，予人浪漫輕快的好心情。逛古董市場不免見獵心喜，最需要的是維持淡定的姿態，避免見好而激動、見便宜而貪多。

中國瓷瓶改製成的檯燈與中國貿易瓷

　　市場裡的中國瓷器總自然映在我的眼簾，在旺弗，我看到好幾攤有中國大罐改裝成的檯燈，器型高大，都是清代廣彩外銷瓷瓶，雖然瓶底被鑽了一個電線孔，但仍有相當的價值。不過想到那麼大的體積，要如何抱上飛機？就不得不打退堂鼓了。

　　19 世紀末至 20 世紀間，中國瓷器在歐美的價值跌落，人們不在意它的文物價值，將中國瓷瓶底鑽孔並切頭改製成檯燈座，成為一種流行的家居風尚。一般歐美家庭內潛藏著這類

右圖
高大的廣彩外銷瓷瓶，雖然瓶
底被鑽了一個電線孔，但仍具
相當價值。

左頁圖
有個攤位擺滿中國瓷器，我在
那挑選了一只繪有西廂記人物
的廣彩貿易瓷盤。

中國珍寶，屢被不經意地發現。今日中國古董抬頭，即使受損壞的器物也可能價值不菲。
2006 年 5 月在香港佳士得拍賣會上，一件有做過燈座的明朝釉裡紅纏枝牡丹紋玉壺春瓶，以
7852 萬港元創下了明朝瓷器的拍賣紀錄。2009 年 6 月在巴黎蘇富比拍賣會上，一件明永樂
青花纏枝四季花紋扁壺，曾被鑽洞又截頸當燈座，也以 163 萬歐元之高價成交。在海外尋找
這類明清老燈座，或許會有意想不到的收獲，即使不是精品瓷器，至少也是到代老件。而且
大型的立瓶在瓷器中位居高階檔級，無論如何總有相當的價錢。所以對古董有心者，去歐洲
旅遊時，記得設法簡化行李，在古董市集挑選一對上好的大檯燈，拆掉燈罩及電線放進大行
李箱，不辭辛苦地手提回家，或可獲利。

　　在濃密樹蔭下有一小攤位，架檯上擺滿了中國貿易瓷，我挑了一只精美的廣彩貿易瓷盤，
繪有西廂記人物故事，鮮豔的金彩點綴衣飾及邊框，甚為精美，從其器型與胎土看也確係清
中期老件。攤主開價 35 歐元，我試著要求 25 歐元，竟獲胖女老闆同意成交。我大喜過望，
忙不迭地表示感謝她給予的優惠。在歐美商店即使商業慣例多不二價，但容許討價還價則是
跳蚤市場的基本精神。

事後想來，這只貿易瓷釉面滋潤，潔淨如新，以這種品質在這個價位，是相當值得的。我實在應該趁機多買幾個來收藏才是。但這麼色彩豔麗的瓷器也有可能是後加彩的。因為廣彩瓷是釉上彩，易遭磨損掉色，後人再上色描繪復燒，其線條與色彩就會顯現特別的厚實與鮮豔。

老蕾絲與舊織品

左圖
攤上陳列的各式傳統木製娃娃與浮世繪等日本文物

右頁上圖
歐洲的老蕾絲與鄉村風格的舊織品吸引了不少日、韓女性。

右頁下圖
攤位上擠滿了正在搶購的日、韓女性顧客。

在旺弗市場陸陸續續碰到幾個東方年輕女生，她們都是日本人與韓國人，似乎旺弗跳蚤市場普遍受到日、韓旅遊資訊與部落客的推薦。日、韓的遊客都知道來此逛街，而台灣人對此地卻較為陌生。東方遊客中，有的還拉著行李箱，顯然是來進貨的古董單幫客，驗證了內行的業者都知道來旺弗跳蚤市場進貨的事實。市場上甚至有一古董攤店主是日本人，一位長髮秀麗的日本女孩，在她攤上陳列了各式日本傳統木製娃娃與深具日本風味的浮世繪等文物。令人匪夷所思的是，為什麼都是日本人與韓國人呢？現場甚少來自台、港、中的華人，也罕見黑人與中東人的足跡。

市場有一攤賣老蕾絲與舊織品的攤子，掛著優雅的蕾絲小背心、手套、杯墊等等。這攤位擠滿了正在搶購的日、韓女性顧客，其中年輕女孩與中年婦人皆有，她們是不約而同擁進來的，不像同一個旅行團，因為不見她們交頭接耳或互換意見，彼此好像並不認識。只見人

織品手作小物是旺弗跳蚤市場的強項

人睜大眼睛，悶聲不響地各自專心尋貨。一片從貴族衣服拆下華麗的絲緞領子，竟標價 100 多歐元，泛黃的手鉤蕾絲花邊、輕柔的玫瑰圖案織品，手工的美感與質感令人讚嘆。每片蕾絲被逐一拿起檢視，才放下的東西立刻有人迅速撿走。好東西無從猶疑，在這攤位大家必須眼明手快，空氣中透著一股緊張氣息。果然，日、韓女性真的很哈歐洲老蕾絲與鄉村風格的舊織品，或許是迷戀它的昔日風情吧！

這幾年，日、韓的蕾絲控（蕾絲迷）到歐洲大肆搶購舊蕾絲，使日本的古董市場也充斥著精緻的歐洲蕾絲與織品。在韓國甚至將仿古蕾絲廣泛運用於服飾上，價值感立刻倍增。東方女性愛到法國來找古董蕾絲，因為法國從前也是蕾絲大國。義大利早在文藝復興時期就發展出精緻蕾絲文化，16 世紀佛羅倫斯的梅迪奇公主（Catherine de Médici）嫁給法國國王亨利二世為妻，將蕾絲技術帶到法國，再傳到歐洲其他國家。17 世紀法國路易十四時代，蕾絲文化達到高峰，皇家還特設蕾絲工坊，以獨家的巴黎針法製作精緻的蕾絲。當時蕾絲在哄抬與壟斷之下價比黃金，而有一吋蕾絲一吋金的說法。昂貴的蕾絲鑲在皇家貴族服裝上，象徵其財富與權力。當時男士華服上也點綴著蕾絲領子與甩袖，猶如今人脖子上掛的黃金鍊條與手腕上的勞力士名錶。法國當時就有幾個專產蕾絲的小鎮，如北部的阿朗頌（Alençon），在當時是皇家蕾絲工坊之所在。東部的密爾古（Mirecourt）是製琴城鎮，也是蕾絲城鎮。蕾絲女工多是提琴工匠或農夫的妻子、普通人家的婦女，甚至修道院或孤兒院裡的小女孩，早在五、六歲時，就開始學習編織蕾絲的絕活。

織品手作小物的素材應該是旺弗跳蚤市場的強項，也是此間最多的攤位，這裡包括鈕扣、針線、花邊及蕾絲等老祖母時代的手工藝零件，充滿法式家庭的溫馨。也許就是這種閨秀風情，吸引了不少浪漫情懷的日、韓女性。其實歐洲人現今已不時興這種傳統手作，反而是日本女性熱烈追求，如今韓國人也加入發燒行列。台灣的蕾絲控則相對少多了，大多台灣女孩追捧的是流行名牌，崇尚亮麗的現代設計款，並未特別偏愛復古風格的產物。

舊書攤與新藝術風格藝品

旺弗跳蚤市場內還有幾家舊書攤，攤位不大，但其中有不少精選的善本，有一本羊皮燙金的法國大文豪雨果詩集，珍貴的第二版本，價錢高達 90 歐元。一套硬皮歷史百科，每三本卻才 15 歐元，書內之插圖皆為精美之銅版畫，光是那幾張銅版畫就值回票

上圖／市場內的舊書攤，其中有不少精選的善本，插圖皆為精美之銅版畫。
下圖／有著蓬鬆白髮及大鬍子的老人家，正在聚精會神地彈奏一架自製鋼琴。

價。通常舊書攤還販售舊照片、舊卡片、銅版畫、舊海報等紙類文物，其價值標準即在於版本、稀有性和年分等。

　　沿途新藝術風格與裝飾藝術風格的藝品，如燈具、雕塑、家具等，也引起我的注目和駐足。法國是新藝術運動的重鎮，在法國的跳蚤市場自然可以找到不少新藝術或裝飾藝術的物品。這類的世紀末產物已脫離古典氣息，從前我都把它視為現代風格藝品，排斥在古董之外。在古董市場裡，我原本對新藝術或裝飾藝術物品是不屑一顧的，但近來我竟也感覺到它的味道，而逐漸發現它的美感。人的感情喜好總是隨著年歲與經歷而變，每次出國逛跳蚤市場，總是有新的發現與新的體驗，似乎古董的博大精深，讓人永感新鮮而不厭倦。

　　旺弗跳蚤市場的街頭藝人也深具傳統藝術風格，在市場半途的空地上，一位有著蓬鬆白髮和大鬍子的老人家，正在聚精會神地彈奏鋼琴。更引人注目的是這架未上漆的小鋼琴，簡約而粗糙，底下加了輪子，正可拉著到處流浪演奏，顯見是個人手工製品。

　　旺弗市場仍保有傳統跳蚤市場的風範，顯現悠閒的氣氛，其貨品強項是古董織品，予人居家溫馨的感覺。旺弗的定位就是跳蚤市場，是古董的路邊攤，所以這裡貨物的價錢便宜，是古董業者的採購進貨之地，這也是旺弗的傳統與歷史。基本上旺弗跳蚤市場的貨品都是老的，雖然看來檔次不是很高，這可能因為旺弗是一級古董市場，少數的好貨與精品，都被早來的淘寶客給撿走了，唯有勤勞又早起的人才能找到好貨，這是尋寶的不二法門，也是古董業者的生存之道。

右圖
許多古董業者都專程前往旺弗跳蚤市場批貨

左頁上圖
通常舊書攤還兼售舊照片、卡片、銅版畫、舊海報等紙類文物。

左頁下圖
在藝術之都的跳蚤市場攤位上，自然也販售古董油畫。

旺弗跳蚤市場
地點：馬克桑尼耶大道及喬治拉弗內斯特大道
交通：搭13號地鐵在Porte de Vanves站下車
時間：馬克桑尼耶大道古董攤，週六及週日7:00-13:00
　　　喬治拉弗內斯特大道古董攤，週六及週日7:00-17:00

新古典主義的風華再現

巴黎拱廊街裡的古董店

當發現巴黎拱廊街所擁有的新古典主義的獨特風雅，它成了令人朝思暮想的地方，也是人們古董之旅的夢幻聖地。倒不是因為拱廊街裡的古董有多麼珍奇不凡，而是拱廊街仍保存著新古典主義的絕代風華，猶如一條時光隧道引領人們回到逝去的美好歲月，直接感受古董文物的靈光，它也是愛好古董的巴爾札克筆下屢次出現的文學場景。

| 拱廊街為觀光客必訪之地

　　巴黎拱廊街的建造年代是 18 世紀末期至 19 世紀中葉之間，是資本主義剛萌芽的時期，在建築藝術上則正是新古典主義風行的年代。我常提到逛古董市場，除了探尋奇珍異寶，也別忘了同時欣賞其環境與背景，在拱廊街不可錯過的即是新古典主義藝術風格的建築與裝飾。

　　法國自 18 世紀後半葉成為歐洲新古典建築活動的中心；從法國開始，主張革新的學院派設計師開始對傳統的建築進行改良，摒棄巴洛克與洛可可藝術過於複雜的肌理和裝飾，運用了許多新的材質和工藝，但保留了古希臘和古羅馬的建築藝術裝飾裡典雅端莊的高貴氣質。新古典主義將古典的繁雜雕飾簡化，呈現古典與簡約並存的新風貌，予人高雅和諧的視覺感受。

　　　　　　　　　　　　右頁圖／貴族般的維侯．鐸達拱廊街，卻低調內斂，獨自隱身在羅浮宮附近

拱廊街是玻璃屋頂覆蓋下的通道，通道兩側皆為店面，逛街購物兼可避風雨，當時曾經風靡一時，人潮絡繹不絕。19 世紀後半，隨著百貨公司的興起而迅速沒落。直到 20 世紀末葉班雅明《拱廊街計畫》一書的出版帶動了摩登復古的風潮，拱廊街竟奇蹟似地復活，成為觀光客必訪之地。一踏進拱廊街，就好像踏入了 19 世紀的時空，在這裡面輪番展演新古典主義、新藝術風格和裝飾藝術的風華，連美好年代的空氣也彷彿封存在這裡面。只是景物雖在，昔日的喧囂熱鬧，今日已轉為蕭條沒落。拱廊街裡販賣的東西都透著微微的老舊感，尤其古董店櫥窗展示的泛黃古書、老照片、舊明信片與古郵幣，歲月痕跡相互輝映，它的久遠年代與文物的價值毋庸置疑。如同帶著餘韻的遲暮美人，這裡古董店的器物所散發的落魄與頹廢風味，誘發人們深處潛在的復古情懷，讓人迷戀不已。

走進拱廊街，先不要急著尋寶購物，最好先以淡定的心情來欣賞拱廊街之美，建議從頭看到腳，首先觀察玻璃天棚的結構，它有斗笠形、人字形或拱形等形狀，其鋼架有花鑄鐵骨架或直線型結構。若有不透光的天花板，則展示彩繪飾金箔和神話圖騰的壁畫。燈具有垂下的吊燈，也有側牆之壁燈，它們形體各異，有圓球形、橄欖形或菱形，多屬於裝飾藝術風格的奶油燈。拱廊街的側牆，也就是商店櫥窗，是街廊裝飾的重點，大量採用深棕色木材的線板與雕花板，間有銅材及玻璃，常出現古典半圓柱與柱頭，顯現新古典主義、新藝術風格及裝飾藝術風格的設計。最後是地板的欣賞，地板也是依時代性而有不同的設計，例如有黑白方塊瓷磚或鑲嵌繁複的馬賽克地磚。在拱廊街，行人如同穿梭時空隧道與藝術門廊一般，在典雅氛圍中瀏覽一件件的精美工藝品。

巴黎至今保有 19 條拱廊街，其中的維侯・鐸達拱廊街（Galerie Vero-Dodat）、全景拱廊街（Passage des Panoramas）與維爾多拱廊街（Passage Verdeau）開設有較多的古董店，並且周遭就是古董市場的環境。這裡的古董店主要是經營舊郵票、老照片、古錢幣、古書、老海報、舊明信片等文件類，體積小並且單價不高，可謂非主流的古董。似乎在這樣繁華殞落、人潮退去的廊街，也只有這種不須仰賴人潮的古董店適合繼續生存。

羅浮宮古董商場是巴黎最高檔的古董店商場，包含幾家精緻的中國古董專賣店。

落寞貴族氣息的維侯‧鐸達拱廊街

　　貴族般的維侯‧鐸達拱廊街，卻低調內斂，獨自隱身在羅浮宮的附近。顯露的幾許貴氣，仍維持著1826年開通以來的風華。維侯‧鐸達拱廊街的位置並不好找，我花了不少的時間與體力，沿途也問了些人家，仍不可得。最後不得不坐上計程車，希望由司機帶路，然而這條湮沒了180年的小街廊，似乎百餘年不曾有客人指名尋覓，司機自然一時迷糊，最後靠著衛星導航才找到。下車時我赫然發現，其實維侯‧鐸達拱廊街就在羅浮宮古董商場門口，這

附近是巴黎的古董商店區，周邊散落好幾家古董店。但不能説古董店延伸進維侯·鐸達拱廊街，因為拱廊街的歷史遠比羅浮宮古董商場還要早，百餘年前維侯·鐸達拱廊街裡面就開設有古董店了。

　　與羅浮宮古董商場的豪華氣派不遑多讓，維侯·鐸達拱廊街當初就是企圖與皇家宮殿的豪華分庭抗禮，而致力於營造高貴的裝潢。由於整個拱廊街百餘年來沒什麼整修過，從現有的面貌仍可看出當時的氣派，例如每家商店的櫥窗皆為整片玻璃，內外一覽無遺，商店側牆鑲上鏡子，地板則鋪設古典穩重的黑白相間瓷磚，天花板大部分為透明玻璃，其餘部分為壁畫與浮雕，畫的是天使、雲朵與花卉主題的寓言畫，呈現當代新古典主義時期的豪華時尚。如今昏暗的燈光下散放著悠遠的氣息，牆上一盞接著一盞乳白色澤的圓燈球，當時曾是最新穎的瓦斯燈，今日雖改為電燈，但仍是老式的球形燈罩。

　　28 號的馬里尼古董藝廊（Marini France），寬達三個店面，店內展示一座座高檔的大理

石雕、古典油畫、新古典時代之家具與燈飾，其金碧輝煌程度不遜於附近的羅浮宮古董商場。17 號的法蘭索瓦・夏爾（R. F. Charle）製琴師提琴店裡，不但販售古董提琴、維爾琴、吉他與魯特琴等弦樂器，也從事樂器的修護工作。舊書店高更（Gauguin），店內充棟的古書從地板堆到天花板。白髮蒼蒼的老闆鎮日窩在他的書堆中閱讀，在自己的世界裡自得其樂，完全不理會過往遊客對店內好奇的窺探與拍攝。維侯・鐸達拱廊街內尚有名片印刷店、現代藝廊、攝影相片藝廊、郵票錢幣社等店面，是屬於嗜好收藏宅男宅女的世界。這些全然冷門的行業，也是非主流的古董項目，他們有自己的忠實顧客群，不須要熱情招呼偶然路過的遊客。

　　維侯・鐸達拱廊街附近的羅浮宮古董商場（Le Louvre des Antiquaires），是巴黎最高檔的古董店商場。這棟豪華建築昔日曾是百貨公司，三層樓的空間容納了一百五十家的古董店，來自東西文明古國的精緻藝術品，顯現國際化的氣派，當然也包含幾家中國古董專賣店。一踏進商場即可發現金碧輝煌的裝潢與燦爛耀眼的高檔器物，感受其貴氣逼人的氣氛。羅浮宮博物館及皇家宮殿也都在附近，所以維侯・鐸達拱廊街無疑是個充滿貴族氣息，適合古董商業發展的地方。

風韻猶存的全景拱廊街

　　全景拱廊街靠近圖歐（Drouot）古董拍賣場，圖歐拍賣場是法國歷史最悠久與規模最大的古董藝品拍賣場，每天都有各式古董藝品開拍，日日都有拍賣預展。在此藝術氛圍下，周遭大街小巷林立了許多古董店，專售郵幣卡的小店面尤其多。在圖歐斜對面的聖馬可街上的一個拱門，即是全景拱廊街的入口，它延續了這裡周邊的古董商業，拱廊街內有許多

郵票、錢幣、舊明信片的小古董店。其中馬蹄匠
（Maréchal）及斐拉戴麗（Marigny Philatélie）是
較有名的兩家販賣郵幣卡的店。一張張手寫明信片
上的秀麗字跡，述說著遙遠年代中一段段動人的褪
色記憶，我帶著好奇，想望當年這些隻字片語在戀
人間所傳遞的溫柔訊息。

　　全景拱廊街有兩百年歷史，是巴黎現存最老的
拱廊街。在當時尚無百貨公司的時代，曾經是熱鬧
滾滾的街道，高檔精品店比鄰而立，漂亮的櫥窗每
每散發高雅的品味，吸引無數男女駐足閒逛，人潮
川流不息。此地曾是巴黎的人氣景點，直到出現了
百貨公司及第一次世界大戰為止，之後拱廊街沉寂
了一百五十年。適逢復古風潮興起，全景拱廊街由
於地理位置適當，兩端入口面臨熱鬧的蒙馬特街及
圖歐古董拍賣場，因此近年又湧現人氣。逛街的人
潮除了過路客與購物者，還有手持地圖與相機的觀
光客。這些觀光客大多是到此朝聖的日本人，似乎
來巴黎旅遊的日本人都知道有這個地方，我相信日
本的旅遊書一定屢有介紹。日本作家鹿島茂寫過一
本膾炙人口有關巴黎拱廊街的書，讓拱廊街在日本
聲名大噪，拱廊街遂成為日本人的巴黎夢幻勝地。
所以可看到日本遊客背著相機，專心地拿著書按圖
索驥，逐一尋訪各條拱廊街的風情。

　　古董客既然來到圖歐拍賣場，一定要進去逛逛。
這裡每天都有幾個廳的拍賣與預展可參觀，展品甚
為豐富也別具特色。這天就有一場近代中國美術品
預展，包括徐悲鴻、常玉、潘玉良、林風眠等人的
作品。近年中國古董藝品的價位扶搖直上，進而成
為拍賣會的熱門品項，所以圖歐拍賣場極力對中國
古董藝品徵件拍賣。上次我參觀圖歐拍賣場時，也
碰到一場中國古董的拍賣，會場擠滿了熱情奔放的

上圖
全景拱廊街有兩百年歷史，是巴黎現存最老的拱
廊街。

右頁左下圖
全景拱廊街由於地理位置適當，兩端入口面臨蒙
馬特街及圖歐古董拍賣場，近年又湧現人氣。

右頁右下圖
全景拱廊街小餐館招牌的設計爭奇鬥豔

在圖歐拍賣場每天都有幾個廳的拍賣與預展可參觀

各路華人。這天還有一個預展廳，是某收藏家的原住民古代航海器材展，穿梭其間猶如參觀了藏品豐富的航海博物館。

全景拱廊街靠近蒙馬特大道入口，小餐館與咖啡廳櫛比鱗次，餐桌椅延伸到走廊，座位間搭配綠葉植栽。幾乎占去了走道一半的空間，顯現巴黎的街頭浪漫風華。咖啡廳仍保存著美好年代的裝飾，其櫥窗有大片鏡子，火車式長座位，銅桿扶手及白球燈罩。小餐館招牌的設計爭奇鬥艷，如徽章般的獅子造型，甚為精緻典雅，間有霓虹燈招牌閃爍攬客，熱鬧程度如置身紅磨坊。

靜謐寂寥的維爾多拱廊街

外觀上看來要以維爾多拱廊街最具 19 世紀氛圍，其玻璃頂配搭古典精緻的鑄鐵支撐桿，彎捲支架上的圓球壁燈、天花板垂吊的菱形玻璃吊燈、黑白相間瓷磚的地板及幽微的燈光使此地充滿寂寥靜謐的文化氣息。維爾多拱廊街店面所陳設的不是一般日常用品，而是專業嗜好品，地緣上可稱之為圖歐拍賣場的別館。

其中法弗伊舊書店（Farfouille）為著名的舊書店，收藏多種珍稀套書，店內堆滿許多珍貴的手工羊皮書，燙金裝幀精美；侯蘭・布黑舊書店（Roland Boret）係漫畫舊書店的創始者。他們店內都有螺旋式小木梯，樓上可當起居室或倉庫，門口廊道上堆置著每本 1.5 歐元的廉價小書。另一家在尾端的大型藝術圖書店，有四個店面寬，賣的是二手藝術書籍與畫冊，櫥窗外安裝一排層板，遊客在廊道上即可翻閱選購。法國的舊書業發達，據說在法國有兩樣東

西絕對不會被丟棄，就是麵包與書，法國人與書籍之間的愛，綿延數百年之久。

維爾多攝影藝廊（Photo Verdeau）橫跨三個店面寬，專門販售藝術老相片與老相機。老法國（La France Ancienne）是擁有許多老海報與舊明信片的店。女裝天堂服飾店的門檻上，一座女士半身像招牌很引人注目，那是上世紀初即存在的服飾店。往前走去我們看見一家專賣標本的古董店，櫥窗竟然展示著令人毛骨悚然的骨架與胚胎標本。

｜ 起死回生的郵幣卡與老照片收藏

郵票與錢幣在巴黎屬小眾的收藏品，一項夕陽產業，猶如在我們台灣的景象，郵幣收集

郵票與錢幣在巴黎屬於小眾的收藏品

是兒時的記憶，是前輩資深古董收藏家的入門。後來郵票供應量泛濫，集郵風氣衰退，這三十年來沒落幾至乏人問津。直到近年，因中國大陸湧起收藏的熱潮，有錢的買家收藏古董字畫等藝術品，普羅大眾則盛行買郵票、錢幣與卡片，市場甚為廣大，使台灣郵幣有了新的銷售管道，郵幣市場起死回生，台北的牯嶺街與大圓環郵幣廣場的郵幣社一家接一家地開設。其實，並不是所有的老郵票都有收藏的價值。一般來說，衡量老郵票的收藏價值，係從郵票的發行年代、品相、成套性、題材和圖樣設計的稀有性等來判斷。

老照片也是入門價格低與門檻不高的收藏品，不過近年來價格飛漲，已經引起了國內外拍賣市場的關注。在台灣古董店，一張普通有城市背景的老照片，開價兩千元台幣。高雄的一位曾老師在跳蚤市場選購一只黑釉陶罐，獲附贈一幅郎靜山的攝影相片。他把相片轉送拍

賣會，竟拍得 40 萬元台幣。在中國大陸，一張普通的清末老照片已達 2、3 萬台幣。相對於油畫、瓷器等門類，目前老照片的價格尚屬初級階段。老照片必須是原版及紀實類影像，真品有泛銀的老相片特徵。其價值與收藏，可以從四個方面來評斷，一是名家作品，二是年代歷史，清朝與日治時期的照片，年代久遠具古董價值。三是尺寸大小，相片尺寸越大越珍貴。四是題材重大、新奇，能反映一地一景的歷史面貌和發展變化，具有重要史料價值者。

　　每回到巴黎，我總會趁機品嘗法式海鮮，那是只有在法國才吃得到的佳餚。在餐桌面前的大盤，會有多種海鮮鋪在一層冰塊上，包括生蠔、生蝦、螃蟹和各式螺貝蛤蚌等等，不炒不烤的原味海鮮，只沾檸檬與醬汁。佐餐的是塗上法式蒜奶醬的麵包，若再搭配一杯白酒，那絕對是人間美味。這種法式海鮮餐廳在巴黎不難找到，行情價位又合理，不致讓人接帳單而色變。我習慣到巴黎北站斜對面的一家海鮮店，這家餐廳有百年歷史，高大的廳堂，具典型裝飾藝術風格的裝潢，壁上的時裝畫、白球燈、鏡子及黃銅把手，令人彷彿置身昔日時空，在此歇腳也正好呼應拱廊街古董之旅的復古情懷。

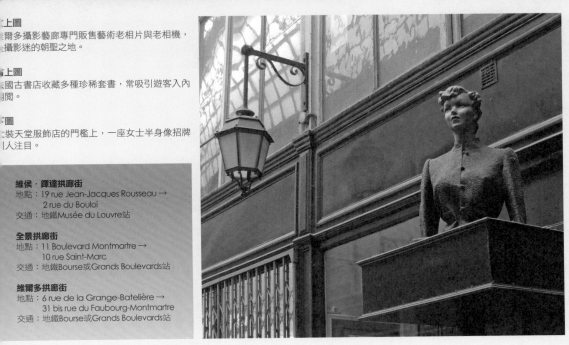

上圖
維爾多攝影藝廊專門販售藝術老相片與老相機，
是攝影迷的朝聖之地。

中上圖
英國古書店收藏多種珍稀套書，常吸引遊客入內
翻閱。

下圖
女裝天堂服飾店的門檻上，一座女士半身像招牌
引人注目。

維侯‧鐔達拱廊街
地點：19 rue Jean-Jacques Rousseau →
　　　2 rue du Bouloi
交通：地鐵Musée du Louvre站

全景拱廊街
地點：11 Boulevard Montmartre →
　　　10 rue Saint-Marc
交通：地鐵Bourse或Grands Boulevards站

維爾多拱廊街
地點：6 rue de la Grange-Batelière →
　　　31 bis rue du Faubourg-Montmartre
交通：地鐵Bourse或Grands Boulevards站

海上絲路的起點與
產瓷的千年古城

泉州古董市場行旅

上圖
泉州后城古玩市場裡面的內溝河，假日兩側擺滿了跳蚤市場攤位。

右頁圖
從前泉州港之帆船亦是航行海上絲路之船

泉州，一個千年古城，曾經帆檣林立，是海上絲路的起點，也曾是中國瓷器生產重鎮，日夜燒陶製瓷行銷海外，尤其以德化白瓷名滿天下。經歷此風光歲月，泉州的文化底蘊深厚，其古董市場自是令人期待與嚮往。一般人到中國大陸，切莫隨意購買古董，事實上到處都是陷阱。店家的專業、親切與誠實，都不是採購古董的準則。無論如何，古董尋寶收藏還是要靠自己的眼力與知識，勿讓罕見神奇的故事情節所打動，也不要被店家的態度所欺騙。

德化白瓷享譽天下

對於古董愛好者來說，提到泉州就令人想到宋元明清生產的瓷器，或由泉州港出海的外銷貿易瓷。也因為這兩段歷史脈絡使人們相信，泉州是個古董文物、尤其是瓷器盛產的地方。泉州也是座歷史名城，擁有深厚的文化底蘊和豐富的陳年史蹟，所以泉州足可列入古董愛好者古瓷朝聖之旅的聖地。

明清時期，福建境內的青花瓷窯址即達數百處，其中以泉州地區的德化、安溪及永春最多。泉州陶瓷生產的歷史悠久，新石器時代即有印紋陶的出現，宋元時期隨著泉州港的興盛，海上絲綢之路形成，泉州陶瓷業一片繁榮，泉州生產的青瓷、青白瓷、醬釉瓷、黑釉瓷大量外銷，也有接單特別生產的。德化自唐代開窯燒瓷，至清代之時，窯場遍及全縣大部分鄉村，幾乎家家戶戶都從事瓷業，農忙務農，農畢務瓷。德化白瓷之精美名揚天下，倍受歡迎，供不應求。除此之外，安溪也是產瓷重鎮，窯址達一百六十多處，幾乎遍及全縣。

德化白瓷向來是以「薄如紙、細如絲、潤如玉、聲如磬、明如鏡」的特色聞名，其釉面晶瑩光亮，潔白如玉；胎骨細密，光色如絹，具有透明感，觸感滑膩如乳。在明代德化白瓷就已達到了上等瓷器的最高境界，原因即在於當時德化窯研發出優質高嶺土等原料，其瓷土中含鐵元素較低，燒成後玻璃質相較多，因而瓷胎滑潤密緻，冰清玉潔，透光度特別好，故有象牙白、豬油白之美稱，適合展現單純的雕塑美和原始素材的質地美。正因瓷土細緻，德化白瓷最適合用來塑造人物、花卉等線條細膩玲瓏的瓷塑作品，明代瓷藝大師何朝宗、林朝景、張壽山等均以瓷塑作品見長。他們的刀法洗練，雕刻精細，雕像衣褶層次分明。原本瓷器的首要功能是實用，但德化白瓷卻超越了實用範圍，直達藝術的境界和收藏的價值，將傳統瓷器的概念突破，而賦予陶瓷更寬廣的藝術創作空間。

泉州的古刺桐港形成於唐代，興盛於宋元，而衰於明。宋朝時候，曾是帆檣林立的世界最大港口，中國有很多外銷瓷是由泉州出港的。在泉州灣曾出土滿載香料的宋代商船，今日仍可追尋到尚存的宋代碼頭遺跡，只是往昔泉州榮景已如過眼雲煙。

到了明清時代，海路交通與瓷器貿易進一步拓展，遠超出宋元時期的規模。雖然往後泉州港的地位已日趨衰落，但是泉州地區的陶瓷器生產仍持續運作，改經其他出口途徑大量輸往海外；明代主要從福州港與漳州港，清代以後則改從當時新興的廈門港輸出。

為了探尋泉州的古董市場，我決定來一趟泉州之旅。台灣到泉州，都是先到廈門再搭車到泉州的。現在在台灣到廈門很容易，可循飛機直航、輪船直航或小三通的途徑抵達。從廈門到泉州也很快，搭乘高速鐵路不到一小時的車程就到了，幾乎半天內就可以從台灣到達泉州了。回想十五年前，我與家人同行，從台灣到泉州就耗費十八小時，直到半夜才抵達。

府文廟古玩市場內的德化白瓷觀音像，為泉州特色之古董器物。

　　中國各地的古董市場，除了北京琉璃廠外，都起源於改革開放後，至今不過二十五年歷史，其市場沿革變遷不難考據。而各古董市場的興起，也都是從跳蚤市場的地攤開始，用古語來說叫「墟市」，即定期舉辦的市集。在市場資本化過程中，較有經商能力者就出來開設個體戶的古董店，多家古董店又聚集成市，成為古玩市場。泉州古董市場的發展也是如此的過程，成型於改革開放後，發展出一個跳蚤市場與兩個古玩市場。

泉州后城古玩市場內頗具規模的古董店面

古香古色的后城跳蚤市場與古玩市場

　　每個星期六是舉辦泉州跳蚤市場的日子，當地仍有人稱之為「墟日」。「墟」也就是市集之意，正如在台灣早期有「牛墟」，就是定期牛隻買賣的市集。現在的泉州跳蚤市場地點在后城旅遊文化街內溝河兩側。一大早，來自江西、湖南、四川、安徽、河南乃至東北、新疆等地的古物販子們，早早擺滿了上百個古玩地攤。一塊塑膠布、幾只舊紙箱、一輛腳踏車，就是一個簡單的攤位。

　　內溝河兩側綠榕茂盛，河上拱橋橫跨其間，甚有水鄉澤國的典雅風貌。此地又是泉州老城區的一條古街巷，舊稱「三教鋪」，就是儒、道、釋三教並祀。文化街隔壁是已有六百年

歷史的關帝廟，再往前走是千年的回教清真寺古蹟。后城文化街在文風氣息下，自然是古玩市場之首選。

后城古玩市場的形成，可追溯到改革開放的 80 年代中期。當時在泉州市工人文化宮的榕園內，起初是一個古董跳蚤市場，每逢星期天，榕園內擺有三、四十個臨時小攤。自改革開放後經濟起飛，收藏古董者越來越多，古董行業生意興隆起來，文化宮的場地供不應求，部分攤販因此轉移到威遠樓，很快在那裡也形成了一個有固定與臨時攤位的古玩市場。威遠樓古玩市場發展了十年左右，因市容改造而被拆除，於是古玩業者被遷移到后城旅遊文化街。

至此，古董店在后城旅遊文化街有相當具規模的店面，也有成排沿河搭建的小鐵皮店面，共有二百間商家，這些都是每日營業的固定店面。其古色古香的環境，正好呼應著古董器物的歷史與文化價值。每逢週末則聚集甚多的古玩地攤，他們沿著文化街內溝河兩側擺攤設點，形成眾攤雲集的跳蚤市場，組成更大規模的古玩市場。行家來到跳蚤市場，也是觀察市場行情的好機會；例如近年海撈瓷風行，跳蚤市場上就出現了不少海撈瓷仿品。有時維妙維肖又價錢低廉的贗品也會令專家心動，而忍不住伸手掏錢。

在文化街的一家古董鋪，我看到一只體型略小的磁州貓枕，皮殼老舊，神情古樸生動，很是開門，但開價高達5000 元人民幣。在中國只要是真的老件，價錢絕對不低。

一只體型略小的磁州貓枕，皮殼老舊，神情古樸生動，很是開門。

頗具文化氛圍的府文廟古玩市場

后城古玩市場日漸繁華，古董攤位趕不上經濟的發展，2007 年 8 月在有千年歷史的宋代泉州府文廟，也就是孔廟的旁邊，闢建了府文廟古玩市場。古董在充滿文教氣氛的園區內更添靈氣，遊客在思古幽情的情境下，也容易買件古董文物收藏。因此中國各地的文廟邊最容易形成古董或舊書市場，在蘇州、上海、泉州、南京等地，皆有文廟古董市場。

我來到府文廟古玩市場時正值盛暑中午，家家古董店皆將鐵捲門下拉上鎖，無一開店營業。經詢問躲在一旁陰涼處休息的警衛，才得知夏天要等下午 5 點才會開市。

直到黃昏再重回府文廟的古玩市場，這時才看到二、三家開門營業。從店外櫥窗往裡看，這裡古董所見大多是瓷器，德化白瓷較多。德化白瓷以觀音最具代表，受人喜愛歷久不衰。但每家店瓷器的檔次皆不高，大多為新貨仿品，即使有老件也多是有沖裂或破角，而難有完整精品。這裡另看見幾隻陶塑風獅爺，確實是泉州地方特產。風獅爺在金門、澎湖及台灣也有，是甚具地方特色的古董民藝品。而在古玩市場的走道邊、倚著府文廟牆壁，則有不少花崗石雕，如石獅、石椅、石珠等；花崗石雕也是泉州的特產，泉州的石雕業發達，有甚多房舍是用花崗石砌成。

在一家瓷器甚多的古董店裡，店主正在門口，我問：「有無小茶杯？」店主遞上一只小杯，我看看是新貨，隨即交還店主：「我要找老的。」店主竟然滿臉不悅地回嘴：「嫌新，那就不要買！」在另外一家店，只見老闆正以憤怒激動的口氣對一位客人說：「我們只要就商業的角度來談，要買或不買就好了，不必批評東西的好壞。」客人似乎很有耐心，不介意老闆的惡口相向，又拿起一件老硯台再度詢價，老闆又再度氣沖沖地回答：「你假如不喜歡剛才那一件，那這一件也不用問了，這件也是有破角的啦！」看來中國商家的姿態很高，講究商家的尊嚴與人權。但我們台灣人總認為和氣生財，習慣以客為尊或服務至上的商業行為，來到中國，是很難適應這裡的商場風格的。

在街尾的一家古董小店，我發現這裡的東西似乎比較真實，大多為明代之前出土器物，包漿陳舊，有建窯、越窯、磁州窯等地方民窯。店主是一位貌似忠厚的光頭小老頭，親切的招呼令人愉快，一掃剛才粗魯店家的霸氣。言談間可感覺他對瓷器甚為內行。他又神祕地從箱子掏出元代樞府釉高足杯、宋官窯小杯及明代小杯，說是自己珍藏的出土器物，要價不菲。經仔細察看，其實他的東西都是高仿品，以其和善的外貌及親切客氣的態度，博取客人的信任。

後來我循著一陣悠沉的古琴樂聲走進一家專賣茶葉並兼做古董生意的店，店內寬敞舒適。年輕的老闆，深眼高鼻絡鬚，酷似中東人士，大概是泉州的阿拉伯人後裔。他好客又熱心，招呼我們坐下喝茶，熟悉的感覺比較像台灣古董店的風格。店裡有些茶道具的器物，雖屬民藝品等級，但價格高昂，一只附著海蟲貝殼的海撈青花瓷壺，釉色明亮如新，連老闆自己都聲明不夠開門，但也開價 1 萬 3000 元人民幣。

我們在店裡品嘗了香美甘醇的武夷岩茶大紅袍及鐵觀音老茶，順便談及那家小老頭的古董店，此時老闆竟忍不住詭譎地笑說：「他是我的古董師傅，但是人好，東西卻不一定好，這是兩碼子事。」暗示小老頭的店都是些騙人的假貨。

左頁圖／府文廟古玩市場內的花崗石與青斗石雕為泉州特產

在古董市場裡，店家的專業、親切與誠實，這是三碼子事，都不是採購古董的準則。因為店家可能很專業卻不誠實，故意賣人贋品；也許很忠厚卻不夠專業，眼光不夠準，推薦仿品而不自知；也可能店家很專業卻不夠親切，讓客人不想花錢受氣，寧可不買也不願與其交易。客人最希望的是能找到既專業又親切與誠實的店家，但古董業者大多有怪癖，專業者常傲慢冷淡而不夠親切。無論如何，古董尋寶收藏還是要靠自己的眼力與知識，而不要被罕見神奇的故事情節所打動，也不要被店家的態度所欺騙。

一般人到中國大陸切莫隨意買古董，事實上到處都是陷阱，勿心存僥倖，幻想淘寶撿漏。據古董作家吳樹的説法，市場上的古董 97% 是贋品，只有 3% 是真品。當今中國仿冒瓷器的技術爐火純青，能矇住鑑定專家，也能騙過科學儀器的檢測。他們先從古代老坑挖取胎土，再依真品胎土成分調配。許多高仿品的圖飾線條流暢，不再運筆呆滯，包漿不再用高錳酸鉀來做舊，而改泡自然原料配方，或用物理震動，或請老婦用細膩獸皮磨擦。要去除新瓷刺眼的賊光，只要燃

柴先用鹽水泡過，燒出的瓷器就很柔和油潤，釉面下的氣泡也可透過調節窯爐的氣閥，來控制氣泡的大小與多寡。若是仿出土的高古器物，他們會將之再埋進古墓兩年，以吸收葬氣與土氣，以這樣細膩製作的高仿品，連國際知名機構或權威專家的鑑定書都能獲得，也進得了拍賣場。

　　在府文廟古玩市場口是一座古老祠堂，每晚都有南管演奏，免費進場又親切地為客人奉上茶水。在閩南祠堂老屋看南管演奏是一大享受，不少聽眾坐籐椅持扇搖風。台上鳳仙裝女生委婉地吟唱，旁有琵琶、二弦、洞簫等絲竹弦樂器之伴奏，讓我回想起五十年前孩提時代在夜市或廟口的情景。南管曲調大多敘述兒女私情與哀怨心思，現場正演出陳三與五娘：「愛卜姻緣早成就，阿娘反覆言語異。荔枝共手帕，伊都不肯提，悔我當初情太痴……。」而在祠堂外不遠，竟又有另一場露天戲棚的南管表演。想不到泉州至今仍保留古音愛好，並且弦歌不輟。此趟旅行，泉州涼夏夜晚的南管演奏最是令人回味，倘若我住在泉州，一定每晚都來祠堂現場聆聽。

┃ 風光歲月的海上貿易遺跡

　　我等嗜古人士除愛好古董，也喜歡探訪古蹟。到泉州逛古董市場，當然也要順便看看古蹟。泉州是千年古城，古蹟甚多，為了看宋元時代海上貿易與泉州港的遺跡，驅車前往晉江

右圖
宋代泉州港文興碼頭之遺址

左頁上圖
府文廟古玩市場口的祠堂每晚有南管演奏

左頁下圖
祠堂外月下乘涼之老人家，遠觀祠堂內優美的南管演奏。

畔探訪宋代文興碼頭遺址，晉江畔蘆葦叢中仍然保留有一座宋代的石塔。洛陽橋也是唐宋時代遺跡，全部是石條塊砌成。往泉州灣的路上，順道可去看豐澤區東海漁村的蚵殼厝與蟳埔女，這裡住的是阿拉伯人後裔。漫步在樸素漁村，錯落著以蚵殼砌成的房舍，牆壁如同片片的魚鱗。在此仍可見到裝扮特殊的蟳埔女，她們以筷為簪，頭插花飾，穿大裾衫、寬腳褲，據説是宋代從中亞流傳過來的打扮。這裡蚵殼厝與蟳埔女形成一道獨特風情，是閩南沿海的民俗奇觀。

市區內最有名的是建於唐代的開元寺，寺內有泉州灣挖

圖
州蟳埔女仍保留傳統
化，打扮極具特色。

頁上圖
建於唐代之開元寺

頁下圖
州開元寺內之仁壽石
為中國最高之雙塔

掘出來的宋代古船，該船甚為巨大，係千年前航行於海上絲路的帆船，還有千年古榕、東西石塔及弘一法師紀念館，內存弘一法師的房間與衣物。附近尚有座千年的伊斯蘭教清淨寺，是全中國最古老的回教清真寺。郊區則有石砌的宋代五里橋，純石條塊砌成的橋長達五里，有「天下無橋長此橋」之美譽。

由於泉州文化底蘊深厚，民間有眾多的古董收藏家與愛好者，但目前泉州的古玩市場上交易的大多是低檔的古董，與泉州歷史文化古城的身分實難匹配。泉州在歷史上雖以瓷器生產與外銷港口著稱，但現在市場上古董瓷器的檔次不高，以民窯的中低檔品居多，官窯極少。

無論是檔次還是規模，泉州的古玩市場在福建省只能排行第五，位於廈門、福州、莆田、漳州之後。由於泉州古董市場水平不高，本地收藏家的一些珍品都不在本地交易，而拿到外地高檔市場去。廈門由於是經濟特區，經濟發達，有古董店千餘家，是中國第三大古玩市場。福州是省會城市、政治中心，古董收藏家與鑑賞人才多，古董市場也發達。莆田的工藝美術水準高，有先進的木雕與石雕技術與研究，福建的木石雕刻大師多出自莆田，工藝品店櫛比鱗次。而漳州出外經商的人多，其中很多是經營古董業的，他們多在北京、上海、廈門及廣州等大城市開設古董店，為漳州帶來豐富與敏銳的收藏情報，古玩市場自然發達且進步。由上述分析，廈門、福州、莆田及漳州在古董市場經濟的發展上都是現在進行式，而泉州的文化盛世卻是過去式了，如今古董市場現況已是滄海桑田。

后城跳蚤市場與古玩市場
地點：泉州市鯉城區后城文化街
交通：計程車

府文廟古玩市場
地點：泉州市鯉城區府學路府文廟
交通：計程車

繁榮躍起的海上古董市場

廈門古玩城與古董店直擊

三十年前中國改革開放後，廈門成為首批經濟特區之一，並開始在白鷺洲公園周邊設立古玩城，幾年前雖因政策拆除，卻在其他據點發展出各具特色的古玩城，形成現今七強鼎立的景況，並讓廈門的古董市場成為業內人士關注的焦點。台灣與廈門的距離近，加上交通便利，在台灣古董行情日益低迷下，廈門成為台灣古董業者近十年來的搶灘據點，甚至還集體遷進。

廈門古董市場生態值得一究

嚮往到廈門及鼓浪嶼一遊已經很久了，我的很多古董業者朋友常跑廈門，有的去那邊開店做生意，有的還結婚置產了。甚至在十全跳蚤市場擺攤的業者，也定期每週一去廈門找貨。我這次下定決心，循小三通模式進入廈門。

廈門是離台灣最近的中國城市，又同樣是講閩南語的區域，當人出門在外聽到家鄉話，總有份親切感。在此地利人和之下，廈門自是台灣古董商進出中國的首選，中國改革開放之初，廈門就是台商最多的地方。在廈門的台灣古董商多到沒有一個確實的數字，有人說大約有百餘家，單就台灣中部彰南路集體遷進廈門裕鑫古玩城的，就有二十餘家。所以廈門的古董市場規模不小，其生態景象值得一探究竟。

如今台灣到廈門的交通便利，可以選擇飛機直航、輪船直航及小三通。三十年前，廈門在改革開放後成為中國首批經濟特區之一，逐步在白鷺洲公園建立了古玩城，約有一百二十

家古董店。大陸經濟起飛，古董業發展得很快，廈門周邊的漳州、龍岩、雲霄、莆田等地都有不少古董文物，瓷器方面有德化窯與建陽窯的特產及窯址。這些地方的古玩匯聚到廈門後，就被前來淘寶的人轉賣到上海、北京等更大古玩市場，廈門遂成為海內外古玩市場的一個窗口，很快地使白鷺洲古玩城成為中國四大古董市場之一。當時古董生意好做，幾乎每個業者都賺到錢。

我身邊一位朋友，十年前就率先從台灣來到白鷺洲古玩城開店，也輕鬆賺到不少錢，之後結交一位廈門女友，進而結婚置產。這個白鷺洲古玩城經營了十多年，2009 年初市政府重新規畫白鷺洲公園，景觀略顯雜亂的古玩城因而被拆除，改建為綠地。當時廈門的古董店一時無棲身之地，有的轉戰上海或北京，有的回漳州老家。這位朋友則是相約一位漳州同業，聯袂到上海開店。

在白鷺洲古玩城拆除之際，儘管前一年發生金融海嘯，股票大跌，古董生意一落千丈，但廈門地產商仍看中這個古玩城的商機，競相興建古玩城，加速趕工裝修，以拉攏白鷺洲古玩城的商家進駐。短期間，彈丸之地的廈門，竟開設了七大古玩城：唐頌古玩城、閩台緣古玩城、裕鑫古玩城、夏商周古玩城、東鍍古玩城、翔鷺酒店古玩城及萬壽路舊貨市場。一時間七雄競逐，為求生存而相互削價競爭挖角。直到 2011 年，尚且傳出裕鑫古玩內數十家台商古董店將集體跳槽至閩台緣古玩城的消息。

裕鑫古玩城搶佔先機

　　裕鑫古玩城在 2009 年 4 月 5 日率先試營業，在這一輪古玩市場的爭奪戰裡搶占先機。裕鑫在市中心一座香港地產商經營的大型建物裡，共有三層樓，容納一百八十餘家古董店。除了部分原白鷺洲來的古董店外，又向不少新來的港、澳、台商家招商。大樓內另有拍賣大廳、古董鑒定中心，並定期舉辦古董藝品展、古董專家講座等。商家水平整齊而管理嚴謹，可謂是相當具有規模而又專業的古董中心。

　　裕鑫也應該是台商古董業者最集中的地方，尤其是來自台灣中部的彰南路古董商。在此到處可見日本鐵茶壺，而有鐵茶壺的店大多是台商，尤其在一樓甚至有一家鐵壺專賣店，店面相當寬敞高尚，也是來自台灣。廈門台商古董店的專長似乎是日本鐵茶壺，因為台商早幾年就到日本收購鐵茶壺，然後引進中國大陸，開創風潮之先。

　　在裕鑫不難碰到熟識的台商，其中蔡姓夫妻是來自彰南路古董商，他們在彰南路的店仍繼續營業，蔡先生平常台、廈二邊跑，他定期回台找貨，反而太太留守廈門顧店。

　　「你兩地有店，貨物正好可以兩邊交流吧？」我好奇問。

　　「才不是呢！因成本價錢關係，現在古董貨物只有從台灣流向廈門，是單流的。」

台灣古董價錢長期低迷，他認為台灣人應該面對現實，接受市場行情，不能既要古董老、品相好、又要價錢低，畢竟古董便宜的行情已經一去不回了。

針對台商的閩台緣古玩城

閩台緣古玩城原本是一處大型工廠，有六棟大型建築坐落於此，其大門招牌名稱是「友豐廈門國際文化創意產業城」，為港資企業所開發經營。舊廠房經徹底的改建與裝修，變成極為新穎的建築，一點也看不出老舊痕跡。其趕工裝修出來的第一棟建築物，就是閩台緣古玩城，趕在 2009 年 8 月底加入廈門古玩城「七雄爭霸」的行列。

第一棟的閩台緣古玩城有一百多間店鋪，從裕鑫古玩城挖角來的二十三家台商古董店將進駐第二棟建築。由閩台緣的名稱就知道是針對台商而來的，規畫中有閩台緣古玩城、台灣創意館、台灣高科技農產品、兩岸藝術館、木藝雕塑館、文化博覽館等。由於大門招牌是友豐廈門國際文化創意產業城，起初令人以為走錯路了，其實閩台緣古玩城只是裡面其中的一棟。

在閩台緣遇到來自台南的趙姓古董店家，他原本是工程包商，二年前退休來廈門開古董店，販售物件以自家收藏品為主。他說：「在廈門比在台灣容易做生意，這裡的客人來自全中國。大陸人看上的東西，不買的話會吃不下飯，考慮的只是價錢而已。……我定期回台灣補貨，事先託人在台灣集貨。我這次要回去拿青海玉與西藏天珠，現在他們在炒這個，行情正好。」

上圖
廈門裕鑫古玩城外觀

下圖
閩台緣古玩城2009年8月也加入了廈門古玩城「七雄爭霸」的混戰

左頁圖
廈門裕鑫古玩城的台商鐵壺店

左圖／廈門唐頌古玩城內有兩百三十間店鋪　右圖／廈門裕鑫古玩城中海報，顯現出此地古董市場的生態景象。

高檔的唐頌古玩城

　　唐頌古玩城在市中心，由一家大型舊工廠改建，依建築體分為 A、B、C、D 四區，共設兩百三十間獨立商店鋪。當初由台北的設計團隊規畫，成為一座中國園林式古玩城，風格為新穎的簡約唐式，漫步其中，很難相信其原本的老舊本貌。古玩城內店家面積寬敞，布置高雅宜人，成為廈門最高檔的一座古玩城，這也是全中國最高檔的古董中心。唐頌古玩城全面向中國和港澳台及東南亞各地招商，2010 年 1 月才正式營業，其中 40%為港澳台古董商。

　　古玩城中的部分店門口貼有「台灣回流文物展」海報者，即為台商古董店；如貼著「海外回流文物展」海報者，則為港澳與外商古董店。唐頌古玩城的企圖心很強，開幕第一天就舉辦了一場正式大型的古董拍賣會。

　　在唐頌古玩城漫步，二百多家店面千姿百態，筆者大部分只看看櫥窗，對於買不起或不想買的東西不必進入細看，免得花費時間。路過一家瓷器專門店時，隔著玻璃觀看高檔瓷器，此時，店主卻開門熱心地招呼我們進去。一位滿頭雪白髮、臉頰消瘦，雙眼卻又炯炯有神、丹田有力的老頭，極像金庸小說中武功高強的異人，而且又是來自雲南的段姓人士。他興奮不斷地介紹店裡的汝窯、鈞窯及清三代官窯，中國的有錢收藏家最喜歡這種高檔貨了，我問他為什麼不送拍？

　　「我沒名氣，說了人家不相信。其實汝窯也有民間窯口燒製的，後世也有再出土挖到的。……我從小在景德鎮做瓷，看遍各朝代各窯口陶瓷，現在為拍賣公司做鑒定。」看來在中國

唐頌古玩城中的台商古董店，店主還開設了古董研究課程。

古董界，奇人異士特別多。

販售古玩雜項與民藝品的夏商周古玩城

夏商周古玩城位在市中心火車站附近的凱旋廣場，是白鷺洲古玩商戶自己相中的舊商場，讓地產商將原本規畫的美食城改作為古玩城，快速在 2009 年 6 月就開業。夏商周古玩城店面有一百二十多個，還有個 500 平方公尺的中庭，平時擺玉石攤，必要時做為展覽之用。

夏商周古玩城內裝潢略顯老舊，古玩店也不高檔，倒是聚集了郵幣卡商戶四十多家，成為一個郵幣專業市場。此外，古玩城經營者企圖將之定位在古玩雜項與民俗藝品的範圍。

在一家有各種類古董的店裡，東西擺滿了櫥窗與走道，猶如雜貨店，雖不高檔但確有老件。我們在裡面仔細觀看，也許會發現好貨。一面看貨一面與老闆娘閒聊著，這位看似富態的老闆娘說：「我東西不喜歡送拍，你知道嗎？東西徵集時間到拍賣，少說半年才有結果，還要被抽成，我還不如自己賣。」

鮮見人潮的東鍍文化古玩城

東鍍文化古玩城也是由大型倉庫區改建，在 1 萬坪的場地擁有六棟老建築，改建為古玩城正是配合白鷺洲要拆遷才做的。2009 年 10 月改造完工後隨即展開營業，共可容納二百家古董店。東鍍古玩城地處郊區，舊廠房的改造裝修不如閩台緣及唐頌徹底，仍顯老態，因周

邊環境不好，進駐的古董店也不夠高檔，一開業就不吸引人。據悉一些實力較強的古玩商家看苗頭不對便相繼離開了，搬遷至唐頌、裕鑫等經營情況較好的古玩城。其他無奈的商家因這裡的租約未到期，遂把店面用作倉庫與住宿，有不少人白天出去街道擺攤、趕集，到晚上才回來住。因此，白天店鋪很多是關著的。

　　筆者於週日上午搭計程車去，逛了一圈，開市的店面只有十來家，偌大的區域竟看不到其他客人，真如報導所述的「空城」。不過我在一家小店裡，意外買到了一塊和闐玉雕的蓮蓬頭。回程到大馬路尋車，卻久候不到計程車，最後還是搭一段公車進入市區，再換搭計程車。

　　在廈門古董市場競爭激烈下，東鍍古玩城為尋求特色，業者改定位於旅遊休閒。古玩城內開設了跳蚤市場，每週四上午以古玩地攤的形式吸引客流。原本規畫於二樓的畫廊與拍賣場也失敗，2011 年後逐漸改為旅店與茶館，據悉，未來計畫開創古玩夜市，進一步聚集人氣。

鼓浪嶼及其他小型古玩城

　　鼓浪嶼是海上花園城市與鋼琴之城，清末民初，富豪們競相在此建別墅，十餘國在此設領事館。島上都是華洋混合式豪宅大院，處處為酒瓶欄杆的露台，這些美麗高雅的建築物都被維護使用著，整座島嶼猶如一座建築博物館，充滿了舊日時光的氛圍。尤其在廈門本島老街老屋陸續被拆光之際，這裡更為難能可貴。

　　鼓浪嶼既有如此多的舊豪宅，還有音樂學院及美術學院，藝術氣息濃厚，理當有很多古

董文物，既保存了老街舊巷，應有古董店，以呼應典雅的環境與氣氛；但很可惜，島上的店面與商品都是迎合觀光客喜愛的海鮮店、小吃店、小紀念品店等。鼓浪嶼唯一的古董店卻是一位老猶太人開的，這家古董店只在星期假日開市營業，據說其餘的日子他都到處去找貨。我們到鼓浪嶼不是星期假日，他不開店，但仍按址尋到這家古董店，只見伸縮鐵格門深鎖，但屋簷下堆滿了老家具，透過鐵格空隙仍可見到屋內擺滿的古董舊物。在鼓浪嶼舊日情懷下，這家古董店散發出難以言喻的餘情韻味。

此外廈門尚有翔鷺酒店古玩城、萬壽舊貨市場及零星的古董店，總共超過千家古董店。廈門也還存有少數老舊的古董店，例如中山路頭，夾在舊市區的窄巷裡，有極為老舊沒落的「故宮古玩市場」，內有五、六家家庭式古董店，客廳零落擺著幾樣瓷器，這些從前老式的古董店，現在應該沒有客人專程來了，店家只能出去擺攤或當跑貨販仔腳。

廈門古董店的貨品反映市場流行與地域關係，因為廈門盛行飲茶，古董店裡紫砂壺及紫砂杯很多。知名的德化瓷產地就在福建，所以德化古瓷普遍可見。因中國玉石與壽山石正夯，古董店都會展售一些玉石。而雜項的紫檀與黃花梨，全國炒得正熱，所以古董店也要有此硬木小件。而台商古董店則普遍都有幾件鐵茶壺及精緻的茶道具。反倒是瓷器不多，據說因為現在是瓷器的低潮期，尤其是磁州窯及高古陶瓷幾乎看不到，也看不到政治味濃厚的紅色收藏，如毛主席塑像或文革宣傳品。總之，中國人的古董購買是以投資為目的，而非為賞玩而收藏，古董店是做生意的，自然都要跟著潮流走，否則會叫好不叫座。

廈門的茶葉店很多，主要販售福建茗茶的鐵觀音、岩茶及有名的大紅袍。在古董店很多近代的紫砂壺與紫砂杯，然而卻少見到明清時代的古董小瓷杯，但卻有昂貴的日本鐵茶壺。關於古董小瓷杯的稀少，我問過幾個古董店商家，其回答不一：「本地喝茶只重茶葉口味，尚不講究茶道具，你看他們都用新杯喝茶。」

鼓浪嶼有許多美麗高雅的老別墅，此為古希臘的愛歐尼克式。

「中國北方才講究飲茶道具，南方還沒到那種文化水平。」

「其實本地人不是不收藏古董茶杯，而是缺貨，店裡只要有好茶杯，馬上被內行人搶購，我們古董店真的無貨可賣。」

筆者看到極少數的茶杯，其價錢甚為昂貴，康熙人物小杯價 1 萬 5000 元人民幣，清代民窯若琛珍藏款小杯 3000 元人民幣，民國粉彩小杯 4000 元人民幣。一個缺口的明末青花小杯也要 600 元人民幣，這個價錢在台灣可買到品相完美的。

而來到廈門，若想嚐嚐美食，不可錯過這邊的海鮮，其中最有名的是海蠣煎與土筍凍。

裕鑫古玩城
地點：呂嶺路124號

閩台緣古玩城
地點：湖濱北路101號

唐頌古玩城
地點：廈門斗西路209號

夏商周古玩城
地點：廈門市金榜路63號

東鍍古玩城
地點：仙岳路和疏港路交會點，海滄大橋引橋下，與海嘉麵粉廠有一路之隔。

淳樸、懷舊與民俗

常民興味的高雄跳蚤市場

高雄人源自於生活環境的淳樸，對常民興味的台灣民藝品深具感情，在高雄的跳蚤市場，無論是十全、玉仔市或內惟市場，台灣民藝品都是廣獲喜愛的珍品。高雄跳蚤市場內頗具特色的舊工業機具與拆船貨，充滿汗水與油汙的氣息，反映重工業區環境下高雄人的共同記憶。高雄跳蚤市場內的貨品種類繁多，其價錢大多低廉，成為庶民休閒的最佳去處。

　　高雄本地有三座跳蚤市場，即十全、玉仔市及內惟市場，各具特色，總規模是全台灣最大的。

十全跳蚤市場──鄉土氣息濃厚的市集

　　高雄十全跳蚤市場的發源是同盟路愛河邊的假日擺攤人，古董舊貨攤沿著愛河邊綠地，大樹下微風吹拂，樹影搖曳，是人們漫遊淘寶的夢幻之地。然而有些販仔缺乏公德心，甚至就地埋鍋造飯，製造不少髒亂，政府為整頓市容，出手取締這個市場。此時，有人在十全路與中華路的交界處規劃一個市場空間，收容這些流離失所的攤販。

　　從前古董民藝品部分來自於拆屋之舊物，自從實施垃圾不落地後，在其中淘寶的古物商就無物可撿，跳蚤市場的民藝品自此就減少了很多。但 2008 年金融海嘯發生，部分失業者轉進跳蚤市場，一般來說只要敢出來擺攤，總有謀生機會。此時十全跳蚤市場頓時擴張不少，

十全跳蚤市場古董舊貨攤沿路一字排開，是人們漫遊淘寶之地。

中南部的古物業者也湧至，達到了千餘攤的規模，成為全台灣最大的跳蚤市場。全盛時期的十全跳蚤市場由四大區域組成，分屬四個集團，各自規劃攤位出租。此外，公共區域免費的馬路人行道，半夜就有人前來占位，雖然省下場租，但隨時有可能被警察驅趕。

　　十全跳蚤市場早上6點開市，攤販陸續進場擺設，這時候已有積極狂熱的民眾趕早來尋寶。在冬日天亮得晚，大家自備手電筒尋貨，由於現場鬼影幢幢，也被稱為鬼市。我發現在市場口有一攤車一大早總是擠滿人，我好不容易探頭進去，只見賣一些二手小日用品，甚為便宜，一、二十元而已，大家搶著挖寶，才上午9時許小貨車就急忙撤走，趕在市場收取場租前離去。

　　跳蚤市場的有些攤家，他們其實另有店面，到此擺攤是為了接觸更多的客源。有時我鎮日坐在朋友阿義的古董民藝品攤位上，以攤商的角度看著熙來攘往的人群，發現很多熟面孔又是固定時間來逛市場的人。這裡面，一些退休年齡的老藏家，儘管家裡已收藏甚多高檔品或官窯瓷器，但每個禮拜也都會按時來跳蚤市場報到。有幾位淘寶撿漏的行家，如莊老師、賴桑或蘇仔，他們都是趁一大早攤商正在擺貨之際就來，「早起的鳥兒有蟲吃」，出色的新貨一下子就被這些人捷足先登了。

　　跳蚤市場裡的東西五花八門，有些奇特到令人匪夷所思。有時越是雜亂無章的攤位，就越是令人好奇想去淘寶。除了一般舊藝品、二手生活用品外，還有算命攤、草藥攤、咖啡攤、

左圖／舊工業機具充滿了汗水與油汙的氣息，也是重工業區環境的高雄人的共同記憶。　右圖／十全跳蚤市場內熱鬧滾滾的拍賣攤

小吃攤及蛇肉攤等。蛇肉攤的擴音機反覆不停地放送著叫賣聲：「吃蛇，進來坐！」，「吃蛇，進來坐！」

　　還有幾家熱鬧滾滾的拍賣攤，主持人妙語如珠又風趣的口吻令人莞爾。

　　主持人高舉手中的拍品介紹：「這支粉彩花瓶，細工的，真水，500 元，無擋的，有人要否？」觀眾沉默，沒人舉牌。

　　主持人繼續吆喝：「沒人要，不然 450 好啦，這麼便宜，叫你來燒，你燒得出來嗎？」

　　有一攤賣的是一堆舊檜木料，我在此駐足挑選，差點買下老闆大力推薦的一塊香味特濃的檜木板。古早的台灣文獻也是擺在地面供人尋寶，坊間稱呼這類物件為「紙類仔」的文物，可謂直接了當。國立科工館曾在這裡買到一批早期高雄硫酸錏工廠的舊照片，視為地方史料。

　　高雄跳蚤市場較有風格的在地貨品是台灣民藝品、舊工業機具與拆船貨。台灣民藝品的市場在台灣北部日漸式微後，在南部仍是方興未艾，而高雄跳蚤市場即為民藝品的大本營。南部人對本土民藝品充滿懷舊之情，正如其生活的淳樸真性。台灣民藝品價錢不高，民眾買來賞玩實用，也當古董收藏。所以高雄的民藝品交易熱絡，向為客戶所珍視與搜尋。南部人收藏民藝原基於感情而非投資，而且服膺「數大就是美」的豪情，不少人擁有幾個倉庫的藏品，令人咋舌。

　　由於高雄曾是世界第一的拆船王國，現在此類拆船貨仍然零星散落在跳蚤市場上，有人

稱之為船藝品。高雄也不愧是個工業港市，這裡有好幾攤專賣老工業機具的。我們可以看到一小段鐵軌、牛角鑽、船吊燈、船掛鐘、螺旋槳、漁船浮球，甚至水鬼用的黃銅潛水罩。遊客隨興買支大鐵鉤或鐵道釘回家，可以收藏又兼具實用功能。此外，跳蚤市場裡老軍用品也不少，畢竟高雄是海陸空三軍的官校所在地，又有龐大眷村，多年來眷村陸續改建，老軍用品與眷村文物也就不斷釋出。

有一攤來自台中的黃先生，他租下了二個單位的地攤，他最特殊的貨物是補丁瓷器。這種補丁瓷器在古董店甚為少見，因為早年瓷器的修補技術值得細賞，又具有民間習俗的時代意義，往常補丁瓷器大多留在收藏家手上，故而少在市場上流轉。而今補丁瓷器卻大剌剌地現身在跳蚤市場，又有各種器型可供挑選，令人驚豔。

黃先生攤位上另一項吸引人的夢幻逸品是台灣日治時代老玻璃瓶。全係手工製造，其造型甚有新藝術風格，開口有裙花，瓶內層為白色，外層有紅綠黃等各色，這樣的老玻璃瓶也是有人專門愛收藏的。補丁瓷器與老玻璃在一般古董民藝店裡並不多見，但黃先生似乎能源源不絕地搬出來，每次都看到不同的貨色。他說：「我每個禮拜跑廈門進貨，禮拜二去禮拜

五回，在廈門有來自東北、上海、西安等地的販仔腳供貨。我事先即向這些販仔腳指定這趟所需的古董項目，他們就會事先準備好，節省時間。」

市場內一家有店面的瓷器店，擺滿了各式中國瓷器，大家咸認為那些盡是新仿品，我很少看到客人進出。有天我姑且進去一探，想不到竟然發現一些老件，例如一落出土的純白宋碗盤、幾只老青花瓷瓶。

工薪族收藏古董民藝，靠的是眼力與勤奮，跳蚤市場是讓人有機會能找到好貨品的地方。我的古董業者朋友阿雄仔，他那天看到一只光緒青花蓋杯，不識貨的攤主開價 400 元，阿雄仔殺至 300 元成交。他捧回家裡，尚未歸櫥，正好有朋友來，立刻以 3000 元賣出。阿雄仔得意地笑說：「這東西我看是對的，而且我朋友也認同，這樣就成交了。」

這是我親眼所見，在跳蚤市場淘寶撿漏的真實故事。然而跳蚤市場以其雜亂如資源回收的特性，後來私家地主寧可空著，也不想再繼續租給跳蚤市場業者，公家人行道更是極力驅趕。在 2011 年底市場中的三個區域陸續被地主收回，人行道上的攤位也被警方強力取締，現在十全跳蚤市場只剩一個區域，於是人潮全湧進這一區，擠得水泄不通。其餘流離失所的地攤有些轉往高雄玉仔市，有的投向內惟市場。

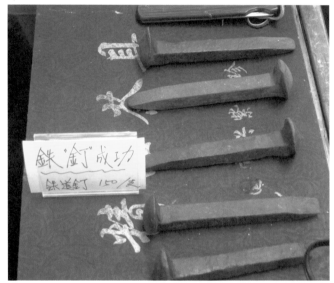

上圖
市場內每支150元的大鐵釘，遊客隨興可收藏又兼具實用功能。

下圖
往常補丁瓷器少在市場上流轉，如今卻大剌剌地現身在跳蚤市場。

左頁圖
日治時代老玻璃瓶係由手工製造，其造型甚有新藝術風格。

高雄玉仔市──悠久歷史的古董市場

高雄「玉仔市」就在後火車站附近，是南部地區玉飾珠寶的批發交易市場，在一個冷氣開放的大棚建築物下，一排排整齊的攤位，放眼望去甚為壯觀。每個攤位上有整列懸下的吊燈，提供玉石鑑定所需要的光源，這種罕見的明亮有別於一般跳蚤市場昏暗的攤位。而經營珠寶首飾這種閨秀精品生意的，大多是古董業中少數的女性。

高雄玉仔市歷史悠久，1956年創立於新興區明星街自宅，起先由十幾位愛好古董玉石的人士，每星期三在此交流買賣。這些器物都是台港商船的船員從香港帶來，彼時正值戒嚴時期，這些古董玉石都屬大陸匪貨，為過濾無意買賣的局外人，參觀者還得購票進場。之後台

左跨頁圖／十全市場內古早的台灣文獻也擺在地面供人選購，坊間稱為「紙類」古物。
右上圖／高雄跳蚤市場較有風格的在地物品是舊工業機具與拆船貨　**右下圖**／擺滿了各種釉色的貓型陶偶特別引人注目

灣經濟起飛，喜好玉石人士日多，場地不敷使用，幾經遷徙。1990 年擴遷到現在的十全路現址，可容納八百個攤位。

　　如今販賣玉器與古董的攤位已等量齊觀。其範圍主要分三大區：玉石區、古董區與民藝品區。玉石區在有冷氣的大棚場內，攤商一半以上來自外縣市，台北光華及建國玉市的商家都有人遠道而來。他們很多是到國外產地跑單幫進貨的，有些做批發交易，其實他們大多另有店面，到此擺攤是為了接觸更多的客源，尤其是針對來批貨的外縣市商家。因此全台灣玉飾珠寶的批發商都會到此占有一席之地，高雄幾乎成了台灣珠寶原料配件的批發中心。而這

玉市攤上有整列懸下的吊燈，提供鑑定所需要的光源。

些來批貨的人很多是定期來採購的職業買家，從他們的打扮與飽滿的行囊即知。

　　一天看到有位客人買了幾趟東西往車上放，沒人知道他是做什麼的，只知道他來自花蓮，據說一週來三趟，想必是位生意興隆的業者。另外有幾位台中結伴來的收藏仔，大約每月來一趟，他們意在古董瓷器。

　　中國古董區位在大棚建物外的四周，攤主大多是閩籍的澳門人，講的是特殊口音的方言，客人們慣稱他們為「澳門仔」，賣的是中國瓷器、玉石、銅器、竹木牙雕及字畫等古董。這些貨品外表雖精緻，但大多是仿古器物，真品不多。無論如何，夾雜古董與工藝品的市場，吸引了許多淘寶族前來琢磨功力。對於眼力強的專家來說，這裡反而是淘寶撿漏的好所在。我知道收藏瓷器的朋友阿雄，他每週三清晨定會到此尋寶，有靈氣的古瓷很難逃出他的慧眼。我也常來此搜尋竹木雕，陸續淘到了好幾件逸品。澳門仔攤商有遠自台北、台中來的，他們

玉仔市民藝品區的攤位雖不多,但東西確為正港台灣與東洋的古董民藝品。

午夜 3 點便從家出發,早上 7、8 點到達玉仔市擺攤,辛苦異常。他們有些也確實是親自回大陸找貨的,特別是他們春節集體返鄉後,這裡會出現不少令人眼睛發亮的好貨。

　　民藝品區在大棚建物後面的菜市場內,如今傳統菜市場生意萎縮,週三及週日被闢為民藝品跳蚤市場,攤位雖不多,但東西確為正港的台灣古董民藝品。民藝品厚實簡潔,無甚多的巧雕花飾,皆有點年代與韻味,也算是陣容整齊,民藝愛好者不妨來逛逛。由於古董與菜肉攤位俱在,逛古董攤時總是雞鴨菜肉異味撲鼻。因這個民藝品區在玉市建物後方,並不顯眼。也許是較不為人所知,生意一直冷清,但知情買家倒可輕鬆閒逛。平常業者閒來無事總是圍坐泡茶聊天,熟識的客人經過也常被招呼過去喝杯茶,開講練工夫,自得其樂。

　　李姐的店賣的是柑仔店類的民藝品,風味樸質野趣,相當專業,如鐵皮玩具、老招牌、瓶罐、煙盒等。李姐待客甚為親切,最早入駐,還拉了幾個業者進來。馮老闆的店有老家具、

茶道具與古董雜項等，品味不俗，他在高雄市區另有古董店與茶藝館，我向他買過一只精巧的日式鎚目小錫壺及上海式小圓桌椅。陳老師來自屏東，賣的是台灣家具，都是原木色的檜木、樟木或烏心石，家具雖老，但店內仍有隱隱散逸的木料芳香。阿美小姐擺的是民藝品雜項，出貨甚快，短時內就把她的多年收藏銷售殆盡，幾達無貨可賣之窘境。美金小姐賣的也是古董民藝雜項，她在市區經營一家小古董店。美金天生有無可抗拒的古董血拼癮，看到好東西總是忍不住下手買進。吳先生賣的是台灣與東洋的民藝品，也是很資深的業者。

▎內惟創意聯合市集──一個新跳蚤市場的誕生

當初內惟跳蚤市場的成立，是為了因應十全跳蚤市場的拆除。有人看中此商機，在內惟菜市場旁的空地，另創一座新的跳蚤市場。這是寺廟的產業，較可長期穩定經營。尚在規劃

玉仔市內，李姐店中柑仔店類的民藝品，有公仔、老酒瓶和老鐵招牌等。

左圖／平常業者閒來無事總是圍坐泡茶聊天，開講練功夫。　右圖／玉仔市民藝品市場中的李姐，是最早進駐之民藝業者。
下圖／莊老師是電子科退休老師，業餘興趣在美術與古董藝品，如今也下海開業。

階段時消息就傳遍了業界，到處都可聽到大家談論這個話題，同行都在考慮要不要租個攤位進駐，早點卡位。儘管有人因內惟市仔地處偏遠與新場所的集客能力而存疑，但市場推出後店面還是迅速被搶租一空。

　　朋友阿義本在十全擺攤，心想終有一日會被迫關場，立即在內惟搶租下二個店面，無後

顧之憂再伺機而動。他賣的是古董民窯陶瓷、台灣老家具及其他老民藝品；攤上有幾樣好東西，如迷你的小安平壺及稀有的曾竹山陶瓶等，是他愛不釋手的非賣品，擺出來為了妝點門面，他的古董店在內惟市仔內算是相當有等級的。

　　阿美也在內惟市仔租了一個店面，她週三在玉仔市擺攤賣民藝品，週日來內惟市仔，原先計畫在此開設咖啡店，她學咖啡餐飲多年，夢想開一間風格獨特的咖啡店，客人逛跳蚤市場累了也好有個歇腳的地方；但她觀察了二個禮拜，發現客群尚未固定聚集，不敢貿然出手。她還是跟大家一樣賣古董民藝品，因為這些舊貨都是她家中的庫存品，沒有進貨成本的壓力。接著又巧遇莊老

左圖
安平壺是廣受喜愛的台灣出土文物

右頁上圖
高雄玉仔市跳蚤市場中的美金小姐擁有質量俱佳的收藏

右頁下圖
內惟市仔雖地處偏遠，但店面還是迅速被搶租一空。

師，想不到他也來這裡開店，他賣的是古董音響、油畫與古董。莊老師是電子科的退休老師，業餘興趣在美術與古董藝品，每禮拜都會起早逛跳蚤市場尋寶，常有不錯的收穫，如今竟也下海開業。

過了一陣子，朋友阿雄在太太的鼓勵下也到莊老師隔壁開店。他專賣古民窯陶瓷，可都是令人驚豔的老件，非一般跳蚤貨可比。只是這等級之物在跳蚤市場，卻曲高和寡叫好不叫座，大概價位高的東西較不符一般民眾到跳蚤市場撿便宜的期待。但開店有個好處，就是有些收藏仔會主動上門來出讓藏品，阿雄也可輕鬆就近找貨。昨天他向斜對面攤家買了二組滿彩光緒咖啡杯盤，當天立刻就用十倍價錢賣給一位識貨的業者。阿雄來此開店，結果是買的比賣的多。他深信做生意「買到俗貨，卡贏辛苦幹活」，說的也是，古董這行業常是找貨比賣貨難。此外，開店也讓他擴展客源，引介他們到家裡看貨，這才是潛在又長期的生意。

但內惟跳蚤市場開張二個月來生意始終不見起色，好像都是同業在彼此串門子，外來的散客並不多。市場內開店率不高的情況下，客人見沒看頭便不會進來逛，店面與客人的互動是息息相關的。一段時間過去了，市場反應還是冷清，團長這下也著急了，趕緊加碼在大馬路插滿廣告旗幟，週末專程派廣告車到十全跳蚤市場前面廣播拉客，小貨車側面與後面，貼了大大的彩色看板，寫著內惟跳蚤市場地點及營業時間。標語寫著：「可買、可賣、可逛，真好玩」，還畫了地圖與網址。麥克風反覆播放著：「好消息、好消息，好康的喔！報你知，最熱鬧、最好玩的內惟跳蚤市場，你想得到的，這裡通通有，奇巧的……」

團長又放出風聲，已和旅行社接洽，準備把陸客觀光團帶來內惟跳蚤市場，也許可帶進一些人潮。

高雄的跳蚤市場就如南台灣火熱的豔陽，既熱情又有活力。此地的跳蚤市場充滿了海港、農村及重工業混雜的氣息，帶有獨樹一格的草根性。市場攤主大多皮膚黝黑，臉上泛著油光，飽經風霜與日曬的面貌，是南部工業特質的人群。古董民藝淡出台北市場之際，在高雄的跳蚤市場仍是交易熱絡的熱門商品。多方接觸這裡的風土民情，終於明白，鄉土氣息才是跳蚤市場的本色，也是古董民藝市場所需的環境；高雄因此擁有全台規模最大的跳蚤市場，也是台灣古董民藝品的集散地。

上圖／內惟市場內阿美的店面，這些民藝織品都是原先家中收藏。
中圖／高雄內惟跳蚤市場內的阿義與他的古董店
下圖／內惟跳蚤市場內賣紫砂壺及其他茶器的攤子

十全跳蚤市場
地點：三民區十全二路與中華路口
時間：星期六、日

高雄玉仔市
地點：三民區十全二路與自立路口，
　　　十全二路252號。
時間：玉市場星期三、四及日，
　　　星期三是最大市集。
　　　跳蚤市場僅星期三及日

內惟創意聯合市集
地點：鼓山區九如四路與吳鳳路口
時間：星期五下午、星期六及日

隱身鄉野，曖曖含光

台南的古董店

深入台南鄉間的古董店，其琳琅滿目的台灣南部地方特色文物，正如店外心曠神怡的景緻，足讓人目光一亮，古董民藝愛好者絕不會空手而歸。台南鄉下的古董民藝，除了有西拉雅族原住民的山地文物、台南出土的安平壺、台灣傳統老家具，竟也能發現二千年前中原漢人與台灣原住民交易的漢代及唐代陶罐，還有罕見沉船出水的宋代曾竹山陶瓶。日本的民藝學者柳宗悅，多年前來到台南關廟，看到了令人讚嘆的各種民藝，深植於鄉土生活所自然產生的美，讓他深覺感動。

▌天未亮即開市的台南西門町跳蚤市場

台南是古都，文化鼎盛，素有收藏風氣，據說日治時期台南企業家就收藏歐洲藝術品。而台灣第一代老畫家的畫，如陳澄波、廖繼春等人最精良的作品，也多在台南藏家手上，這股收藏風氣沿襲至今；但台南的收藏界是個較封閉的環境，藏家不輕易公開示人，連古董市場也低調不招搖。台南市區總共約三十家的古董店，都是小型又分散，而缺乏專業集中的古董商場，如台北的三

台南孔廟為台灣歷史最悠久之孔廟，有全台首學美譽。

台南西門町跳蚤市場的地攤，客人正與攤主議價當中。

普或大都會古董商場；也沒有聚店成市的古董區段，類似台北的建國南路或永康街。

　　怪不得我高雄的古董朋友很少跑台南，實在是不得其門而入。

　　對於台南古董市場的撲朔迷離，直到一位高雄業者朋友打進台南跳蚤市場，帶來不少一手訊息，業者阿芬自高雄十全跳蚤市場關門後，便轉往西門四段的台南西門町跳蚤市場經營。她說：「這是個早市，半天的市場，大家早晨5點就到場，5點半擺攤完畢。這時候黑漆漆的，天還沒亮，客人都拿著手電筒看貨。」她又表示台南東西少，都是些稱不上古董民藝的二手貨，她拿些陶甕仔去，就讓客人驚為天人，賣得嚇嚇叫。台南價錢好，不似高雄東西雖多，業者也多，市場競爭大，所謂「仙拼仙，拼死猴齊天」。

　　之後過了半年，大概聽到這位業者朋友的台南經驗，高雄十全跳蚤市場撤退的攤商也紛紛轉進台南西門町跳蚤市場，亦有遠自屏東、嘉義來的業者，使該市場攤商爆增，古董民藝的品質內容俱佳，造福廣大的台南民藝品藏家。

　　在西門町跳蚤市場斜對面的北安路一段，另有一家大昌綜合跳蚤市場，裡面也有部分古董民藝品。

亦有業者遠自嘉義、屏東前來，在高先生的攤位有不少精彩的民藝品絕版書。

台灣傳統家具聚集的台南省道古董店

對於人云亦云的台南古董市場狀況，聽來好似盲人摸象、有點可笑。因此我決定自深入市場一探究竟。首先想到的是台南省道的官田段，因為我以前在南科工作時路過省道，曾瞥見有數家古董民藝店在路旁，當時坐在車內匆匆一瞥，只見店內堆滿了各式台灣老家具，令人印象深刻，早就亟思前往參觀。

台南省道官田段在開闊的嘉南平原上，一片藍天綠野，兩旁是濃密的芒果園、一望無際的蔗田及平廣的菱角池，寧靜而少有房舍人煙。這地區是西拉雅族的原住地，漢人墾殖甚早，由官田、新營、柳營、左鎮等地的命名，充滿軍事屯田味道，都可

台南西門町跳蚤市場內專賣陶甕的業者阿芬

台南省道旁的古董家具店，老闆兼師傅在店門口專注地整修孔雀椅。

以看出明鄭開發遺跡。但到現今時代，卻顯相對落後。

　　這段路上短短 100 公尺竟開有五家古董店，充滿在地的鄉土氣息。第一家店是龍頭，規模最大，以台灣民藝及台灣家具為主，其餘四家都販售台灣家具。台灣南部鄉野之地時有舊屋拆建，他們占地利之便，就近收購舊家具與古物。這幾家古董店有的老闆擁有木工維修能力，古董店兼做木工廠，平日即在店門口整修家具。

　　第一家店是人稱老師的店，百餘坪的空間裡堆滿了各類台灣民藝品，有先人使用的家具、陶甕、碗盤、木石雕刻，鐵皮招牌與公仔玩具等等，數量多而且檔次不錯。

　　目光仔細搜尋老師的店，可發現不少神品廁身其間，例如風獅爺、風雞爺、鹽漏、掛藥袋及薦盒等。風獅爺係陶塑作張口狀，獅背上騎有一名武士，作彎弓拉箭狀。在閩南強風吹拂的金門、澎湖或泉州等地，常見設在建物的屋頂上，或村落的高台等處，用來替人、家宅、村落避邪鎮煞之用。風雞爺是金門烈嶼的避邪厭勝物，風雞也是佇立在村口或在屋頂上。當地居民相信白公雞具有特別的靈性，能鎮風煞、剋蟻害、護古宅和保平安。早期風雞因泥塑身漆白色，又稱「白雞」，後來金門的風獅聲名鵲起，烈嶼的白雞跟隨改稱「風雞」。無論如何，風雞」數量較風獅更為稀有。

新化、官田間的鄉道，一望無際的平疇原野風光明媚。

台南省道官田段的古董店，以台灣早期家具為大宗。

台南省道的一家古董店，貨品種類甚多，以南部庶民生活用具為主。

左圖／前者為風雞爺，後者為風獅爺，皆為陶塑。　右圖／掛藥袋是四、五十年前台灣醫藥不發達時，普通家庭健康所繫。

「鹽漏」是早期富裕人家生活中，用來裝鹽的。鹽漏早年見於台南一帶使用，多為台南歸仁地區燒製，陶土手拉坯，有上下兩甕。上甕之底部修坯成尖形，有五個小孔，因為食鹽潮濕會生水，水會從小孔滴進接水的底甕，如此可保持食鹽的久存乾燥。鹽漏現今極為少見，老師視為珍品，將之藏於櫃底，因此知者不多。

「掛藥袋」開始於日治時代，當時藥商提供藥袋給偏遠地區的住家，內裝成藥方便民眾應急。袋子裡裝有家戶常用的胃散、消炎片、感冒藥、咳嗽糖漿、眼藥水、止瀉藥等，藥商定期補貨，同時計算費用，是我年少的記憶。掛藥袋的歷史雖不久遠，但藥袋為紙材料，易損壞，留存者不多，仍讓我驚豔莫名。

「薦盒」是很普遍的民藝品，但老師的這座茄苳入石榴的薦盒精雕細琢，是我看過最漂亮的，開價4萬元，據說新造要6萬元。薦盒是神明桌上擺放水酒杯的小檯座，因精巧美觀款式又多，很受人喜愛，有人專門收藏。

此外還有一些農業老器具，如蜈蚣犁、鋤頭、牛車輪等。

由於老師的店有寶可尋，我才亟思再度前往。正巧知道阿仁與阿義未曾去過這幾家台南省道上的古董店，因此力邀他倆一起去。阿仁與阿義每個禮拜都出外尋貨，阿仁眼力出眾，每次外尋總能見人所不見。

鄉下作息早，老師早上9點就開店門，我們也是9點稍過就到，跑來當今天的第一個客人。進門後，我們迫不急待地鑽進老家具舊古物堆裡，很快就各自為政，各看各的了。我們

盡情地在每個角落流連，店裡雜亂無章的擺置，有濃濃的草莽氣息。我們如入寶窟，聚精會神而噤不出聲，因每個角落的東西都不願錯過，而來回逛了數遍、尋之再三，只怕有漏網之魚。因為在這種場合，雖然到處都有珍寶，初看不起眼，再看卻是寶，散發出曖曖的靈光，眼光不夠敏銳的人，是看不到任何東西的。

老師一再嘆說找不到貨了，現在只靠收藏家釋出，他指著牆角的物件：「這些好東西是不久前一位藏家放出來的，他在這波股災中大虧老本，只得把東西拿出來賣。」

我回說：「幸好他以前有收藏古董，保住了一些本，否則也早就跟著輸掉了。」

老師聽了搖頭苦笑：「唉！其實我也是從前在股市一萬二千點時栽下來，不得已才跳出來開店的。」

我們也都喜歡民藝品，所以老師這裡的東西都合我們口味。阿義挑了一尊風獅爺、風雞爺與安平壺，都是市場熱門貨，價錢也很有競爭力。臨走他又搬了一支蜈蚣犁及一只老熨斗，而阿仁則選了一只黑釉罐及土黃胎四耳罐，也算是買了不少東西。

雕刻精美的薦盒價值不菲，旋即被眼明手快的客人買走。

在回程路上，阿仁才透露那只黑釉罐是明代的，而老師以為是清道光的，才 1500 元而已，甚為划算。而那只土黃胎四耳罐則是漢代的，才花 2500 元，更為便宜。老師有所不知，他只說是老的，是從鄉下收來。

可是之後我們沒有再去過老師的店，因為每次電話預約他不是說不在店，就是說要出遠門，後來有次我不約而至，他忍不住氣呼呼地嫌說我們愛殺價，太沒行情了，不願跟我們交易，所以電話裡故意說不在店。

做生意歡喜甘願，那知心生怨懟。對台南的古董生態我還是不解。

山上鄉農舍內的古董文物交流

台南山上鄉的道路上，風光明媚卻人車稀少，意外在一傳統農舍門口發現有塊古董文物交流的招牌，當下立刻停車探視。這是一座不算小的典型台灣三合院，中間是稻埕，想必從前也是個三代同堂的大家庭，如今卻杳無人跡。兩側廂房幾乎傾倒，裡面堆滿了各式老家具及粗劣民藝品，像個資源回收場。在寂靜無聲中我們東張西望，主人久久才推著輪椅出來，招呼我們進中間主廳看貨，他說：「我去年中風後就沒再進貨了，把東西賣完就算，以前我東西很多的，你們高雄、屏東很多人來跟我買呢！」

他講了幾人，也確有其人，我們都認識。我倒是想這些業者朋友都來搜尋過了，還會剩下好東西嗎？我們在屋裡隨便看，到處翻，我捧出一尊龍眼木刻觀音，看來略有損傷，但可以修補，只要價錢夠便宜，我就不在意，老木雕觀音在市場上很受歡迎的。我又在抽屜裡找到二支蓮蓬型髮簪，這類荷花、荷葉及蓮蓬的主題我向來偏好，另一支如意型髮簪，我竟捨

台南山上鄉路旁的古董店招牌，在傳統三合院之農舍內。　　　山上鄉農舍古董店，古董民藝及老家具散置屋內外。

台南新化市有保留完整之老街，典型巴洛克牆面，道路又寬敞。

棄未拿，現今讓我懊惱不已，假如我仍住在高雄，我應該會特地跑一趟買回來。我又在廂房亂物堆中淘到一只小罐，彩釉斑駁，由器型與胎釉看來，應是唐朝之物。如今我竟在台南鄉下找到唐罐，雖然價值不高，但歷史意義非比尋常。真令人驚訝的是，鄉下的古董民藝品店也能找到在地的中國古陶瓷器，而且是一、二千年以前的漢唐時代，難道當時台灣原住民就跟中國大陸已有密切交流了？記得一位老古董學者說，他曾帶學生到南部山地部落作田野調查，在一溪澗洗手，無意竟撈到一只唐罐。

阿義則買到一片床眉板，雕工精緻，少見如此漂亮之床眉板，價錢不貴。他剛做生意，對這價錢似乎還有點猶疑。我鼓勵他買下，這是難得精彩之物。這回我們皆有所獲，在這樣的鄉下農舍淘寶，實在有意思。

發現曾竹山陶瓶與原住民文物的新化古董店

發現新化這家古董店，也是路過偶然看到招牌所知，依過去經驗應該立即停車拜訪，否則過後可能隨即忘記或找不到回頭路。阿仁走在前面，一進店就逕自打開玻璃櫃門，抓起兩支像小礦泉水瓶大小、土灰色無釉的陶瓶，立即問老闆價錢，老闆毫不考慮地表示：「□□□元，是老的。」

「□□□元啦，這支瓶口還有破呢！」阿仁隨口還價。

上圖／新化古董店內甚多原住民文物，及台灣出土之安平壺。
左下圖／台南新化市之古董店，老闆主業為國術館長。
右下圖／兩只珍貴稀有的曾竹山陶瓶，為出水之宋代文物，古樸無華。

老闆爽快就答應，我猜想，這樣不起眼的東西，外觀就像普通陶藝品習作，任誰也不會買，在這裡怕是擺放多年無人聞問，但我們在旁竟看直了眼，我們都知道這是珍貴稀有的曾竹山陶瓶，屬宋代之物，曾在海中沉船撈出過，在澎湖曾出水數只，做何用途尚不得而知。我們古董顧問收藏一只，二十年前忍痛花了 2 萬 4000 元買來的，今天阿仁竟用□□□元就購得一對。

西門町觀光綜合跳蚤市場
地址：西門路四段327號
時間：週五16:00-22:00
　　　週六、日06:00-19:00

大昌綜合跳蚤市場
地址：北安路一段與北安路一段212
　　　巷路口
時間：每日06:00-13:00

店裡尚有不少山地文物，想必是附近山地原住民所遺留，而且新化是西拉雅族世居之地，山地文物較易收集吧？此外，令人眼睛一亮的是三只小安平壺，小巧可愛。老闆卻猶疑開不出價錢，他說：「以前每只近萬元買的，今天我要用多少錢賣啊？」說的也是，從前民藝品風行之時，像這種小型特殊安平壺可是價值不菲，可是如今價錢卻一落千丈。

台南鄉下的古董店，有漢唐遺物、山地文物、台灣民藝品及農業器具等等，琳琅滿目。開車在風景秀麗的鄉間，尋訪古董店，真是令人愜意之事。

新化古董店尚有不少原住民文物，想必因為此區域是西拉雅族世居之地。

收藏之道

尋寶古董民藝・直擊歐亞市集／第 2 章

感情執著與特殊嗜癖的
古董民藝收藏

古董民藝在台北古董市場的起落，變遷速度可謂十分快速，在台灣古董民藝淡出台北市場之際，以台北人的角度所見，會以為古董民藝已從市場銷聲匿跡；事實上，民藝品市場仍持續於南台灣生存著，而南、北兩地整體的社會經濟及人文環境的變化，也影響著台灣古董民藝市場的興衰。

台灣古董民藝市場今昔景況

原本潮州街及永康街口的「錦安市場」，亦稱「昭和町古董市場」，是台北民藝品的最後據點，但這半年來，這些店面多數都已升級，裝潢亮麗的玻璃櫥櫃賣起了大陸古董，如精品般地整齊擺置。有幾間專賣柑仔店類民藝的店，例如掛著招牌「裕美冰果室」或「復國之聲」的店，換上了某某軒或某某堂的古董店正式招牌，做起典型的古董生意；而掛「昭和町」招牌營業的店家，則是將大部分的民藝品移回家，空出店面，重操昔日環保舊業。以前這裡的店大多沒店名，老闆很謙虛地認為他們這種小本生意，不好意思取名，那些招牌只是詼諧好玩，其實本身就是可以拆下出售的商品。

三峽老街本來有幾間民藝品店，但在老街改建後店租大幅提高，收入不敷支出，有的轉型，有的遷移，其中有業者則移居高雄自有住宅營業，繼續做民藝生意。在經濟與商業環境中，台北的店租貴，而民藝品價錢抬不高，貨源又長期短缺，就生意層面來說，民藝似乎不

上圖
在永康商圈的昭和町古董市場，則較之前更為繁盛，如今古董店面幾乎要佔滿一樓的攤位，且水準提升了不少，圖為昭和町古董市場一隅。

下圖
屏東的民藝業者楊媽媽，具有二十餘年之資歷。

左頁上圖
台中國際街的古董民藝店，圖中所見可稱柑仔店類民藝品。

左頁下圖
高雄十全跳蚤市場中的台灣家具

是類好商品。在文化及生活習性上，台北人受現代化影響大，住屋空間又小，對先民生活用品的感情陌生而疏遠，民藝與現代化追求的目標似乎背道而馳，民藝品是如此顯得不合時宜，不像真正古董可以保值增值，所以不被追求增值利益的收藏者所青睞。綜合以上各種原因，導致古董民藝無法在台北長久生存。

　　目前古董民藝的重心已轉移和集中到台灣南部，尤其是高雄已成為民藝品的大本營，高雄有幾家不錯的民藝品店，如興仔、Miss 楊及李媽媽等店，難怪有人說，沒有去過高雄的民藝品店，很難知道什麼是台灣民藝的精華。高雄又有全台灣最大的跳蚤市場，真正老東西齊聚的十全跳蚤市場多達千餘攤，匯集了中南部的民藝古物商。台南市區也有數家古董民藝店，

在台南舊省道的官田段，終日只見汽車奔馳而過，而少房舍店面，但聚集有四家民藝店。在屏東的舊省道上，內埔、萬丹及麟洛也有好幾間民藝店，其中楊媽媽在業界最為資深知名，她開業二十多年，台灣大多數的古董民藝品店都曾來向她批過貨。這些南部鄉下鐵皮屋大倉庫的古董民藝店，以其占地廣大，

左圖／憨番扛廟木雕常置於廟簷下，被貶抑的洋人具大眼捲髮高鼻特徵。
右上圖／胎粗厚的安平壺是民藝收藏的入門物件
右下圖／番甕是荷蘭人在泰國製作，裝盛椰油或棕櫚油，到台灣與原住民交易之容器。

可收納眾多體龐的家具，更方便就近在鄉下收集老舊貨品。他們另有的原住民文物，是在北部古董市場難得一見的稀有民藝品。

對民藝的熱愛是一種感情的執著，也是特殊的嗜癖，大部分古董藏家總會擁有幾件民藝品，我們或可發現對於這些台灣的老東西、舊物品，台灣南部人的感情似乎較為濃郁，有如臍帶般母子間的連繫，因此有人強調古董民藝的愛好完全是感情層次的事。這些樂此不疲的民藝人，充滿了草根性，可能正咬著檳榔或吊根新樂園香煙，晚餐啜飲的是紅標米酒，但他們不辭環境髒臭，從垃圾堆中拯救出一座破舊的老菜櫥或一張孔雀椅。所以民藝品可在台灣南部生存，有其人文民性關係。

這幾年各地增設了不少台灣懷舊餐廳，對古董民藝的需求大增，也有助於民藝品收藏的喜好和市場。

民藝品在台灣南部仍有市場，只是苦於貨源短缺，圖為台灣古董民藝品「風獅爺」。

特別的是南部的民藝業者，具有相當封閉保守的個性與生態，他們平日低調經營，不愛張揚與宣傳，不似中國古董業者，會花錢在收藏雜誌上刊登廣告；南部的民藝業者卻不那麼樂於被報導，在網路上也很難找到他們的蹤跡。他們含蓄地說：「我們做的都是圈內人的生意，有興趣的客人自然會找上門來。」可是他們殊不知，外地人苦無門路，無法直接光臨他們的店面參觀，盡情選購喜愛的民藝品。

古董民藝的主流項目與行情

其實民藝品的身分在收藏領域顯得有些尷尬，有人視之為古董，有人認為只是陳年舊物，不論如何，大抵是價廉的。但高檔的民藝品也不便宜，價比真古董，只是台灣民藝中能脫穎而出的高檔品不多。台灣民藝中的家具，被嗜古者求之若渴，塗有礦物彩的清代物件，其年代早於日治之前，存世相當稀少，其索價甚昂，可高達數十萬元。其實這種古董品體積碩大，肢體及板材粗厚，外形笨重，只宜收藏而不堪實用。而較晚期，日治時代之家具骨架纖細秀氣，又有玻璃通透，可融入於現代住宅中做為擺設，較之現代家具更有一分典雅氣息。這類日治時代家具，以其優雅及實用性而普受歡迎，也被視為高檔貨，而且價錢不貴。

在高檔品中，最具台灣特色的茄苳入石柳家具，完整二椅一几者行情達新台幣 30 萬元，價比中國紫檀、黃花梨家具。供奉神明水酒的薦盒，刻工精細或有茄苳入石柳之製作，一件要價數萬元。日治時代的蝴蝶蘭浮雕掛飾，曾是風景區受喜愛的紀念品，浮雕生動品相優美者，也都要萬元起跳。特殊主題如憨番扛廟的雕刻，亦要價不斐。最質樸的陶缸甕，有款者也為人重金所搜求。近來民藝界人士又愛上了胭脂紅魚盤，導致一盤難求。一些原住民文物，以其稀有，自始就是珍品。無論如何，現今台灣民藝品的價格確有受到中國古董的發熱而隨之上揚。

　　台灣民藝品五花八門，有些外觀不甚精緻，甚至看似土拙，愛好此道者卻趨之若鶩。所以民藝是一種感情的執著，也是嗜癖。幸好有錢人不一定喜歡古董與民藝品，不至於把稀奇珍寶全都買走，所以一般民眾及販夫走卒得有機會收藏賞玩。

｜ 古董市場與古董販仔腳

　　古董販仔腳是古董的第一手買賣者，他們大多是沒有店面的古董生意人，但通常有一輛小發財車供找貨與跳蚤市場擺攤之用。他們經常在外面跑貨，所以被稱為「販仔腳」。台灣的古董販仔大多經手台灣民藝品，因為台灣民藝品就產自台灣本地，不必仰賴大陸進口；古董販子是要勤於奔波的人，所謂早起的鳥兒有蟲吃，他必須積極主動地跑拆舊屋者及古物商處找貨，更有些具業務性格的古董販仔，會穿梭在鄉村老屋間，積極尋求屋主讓售老家具舊文物。古董販子也要經常跑古董店，把庫存貨品儘早售出。

台北淡水滬尾文物的莊會長，曾在販仔那邊淘到一幅 60 號的陳澄波油畫，讓他連做夢都會笑。但如今莊會長不勝唏噓：「唉呀！台北的老屋老廟該拆的都拆了，現在台北早就沒有販仔腳了。」

　　古董店者眾，而販仔少，所以在交易過程中販仔常較強勢，貨價也由販子決定，古董店若不從或愛殺價，販仔下次可能就不願再送貨來了，古董店也深知此道理，常不敢殺價，甚至還出個好價錢跟販仔交培感情，希望販子能優先提供好東西。販子也很聰明，若有一件好貨，他會把幾件爛貨湊在一起統售，乘機把爛貨推銷出去，否則那些較遜的貨品可能會永遠也賣不出去，但古董店為了買進一件好貨，不得不忍痛犧牲，所以古董店對於古董販子真是又愛又恨。

　　但也有古董商從不跟販仔腳進貨的，做高檔古董民藝的高雄五塊厝負責人就說：「我從不跟販仔打交道！百件難得一件好東西，我只跟收藏家及同業進貨，只有最好的我才要，這樣比較快啦！」

上圖
日治時代台灣老玻璃瓶，由人工吹製套色，外層玻璃先被吹進鑄模，再將內層白色吹進內部並藉由加熱熔接。

下圖
在高雄街上收藝品的販仔腳或古物商，車上掛著收藏品之旗幟。

左頁上圖
刻工精美的日治時代蝴蝶蘭浮雕掛飾形態生動，行情可達萬元以上。

左頁下圖
薦盒是貢奉神明水酒的檯座，此薦盒為具平花與浮花之茄苳入石柳雕刻。

　　台南明華堂台灣民藝的老闆平常也不跟販仔腳買貨，則是怕貨源有問題。古董販仔也有女性，據高雄打狗民藝店的楊媽媽説，她們店多年來有一位阿婆供貨，阿婆總是到鄉下老屋挨戶挨戶尋找古物，將收到的東西全部交給她，這位機靈活躍的阿婆可説是古董江湖中的超級業務員。

　　今日台北老屋及眷村已拆得差不多，一般人家也少有舊貨可丟了，以致北台灣的民藝品貨源無繼，古董販仔自然銷聲匿跡，也許陸續展開的都市更新，可為民藝品貨色增加一線曙光。

　　這年頭雖然少有下鄉收貨的古董販仔腳，但時光如流水般飛逝，三、四十年前的民藝品收藏家如今已垂垂老矣，提早開始處置他們的藏品。因此古董店家常可碰到大批託售的老藏

家，店家的貨源由藏家取代了販仔，這類貨品已經挑選過濾，品質比鄉下來的第一手貨更好。
收藏家代有人出，古董的擁有者總是輪替的，古董的轉手也不免增添一段軼事。

| 台灣古董民藝品市場的回顧

　　1970 年以前，台灣尚無民藝品一詞。那時早期台灣民藝品或原住民藝品是外籍人士的最
愛，這些來台的外交人員、美軍和工程師們收集具有地方特色的民藝品或家具，當作駐居海
外的紀念品，所以外籍人士居住地區的天母、中山北路很早就有台灣民藝品店，他們的客戶
主要是洋人。

　　當一個社會富裕，一切都現代化後，就自然會回過頭來吹起「懷舊風」。後來台灣經濟

起飛，日本柳宗悅的民藝理念在台灣萌芽茁壯，台灣流行起民藝品風潮。尤其一些中產雅痞，如醫生、設計師、教師等人士，開始愛好起民藝品來，民藝古董店如雨後春筍般地設立，一般民家要找尋民藝品，就更為方便了。

當時兩岸情勢嚴峻，中國古董少在市場流通，台灣古董市場僅有民藝品，此時台北的古董民藝市場散落在天母、中華商場和光華商場等地；後來又擴大到淡水、三峽等周邊地帶。新竹市很早就發展出民藝品市場，東門市場的古董街曾是個民藝的集散地；北埔、竹北也是個民藝品的大本營，尤其是地方特色的客家文物。可惜新竹發展得早也結束得早，他們在民藝貨源短缺時期，不待轉型就先凋零收攤。然而北埔的劉家卻獨大發展，遷移至龍潭店面，目前規模之大可稱霸全台。

台灣中部的彰南路是個異數，崛起得晚但發展得很快，彰南路景觀荒蕪雜亂，於全盛時期卻開出百家的古董店，其中半數做台灣民藝品，也有原住民文物與日本古美術，一時間全台灣的古董業者皆在此出入，甚至當地出現專供業者留住的民宿。彰南路的發展可能與該大片土地皆為同一地主有關，便於統一規畫，聚店成市。現在彰南路的古董市況落沒，很多人轉移到大陸廈門開業，倖存業主每日直到下午３點才會開門，有民藝品貨色的店不足五家。

胭脂紅近來甚為流行，是民藝品愛好者的熱門品項。

上圖／筷桶既可欣賞，又能用以置筷、插花或做為信插，是民藝品收藏的入門款。　下圖／日本民藝品宜於用來營造古意的生活空間

台灣南部的經濟發展較慢，民風保守，有廣大的山野村落及眾多廟宇，保存了相當的民間藝品，對於民藝品這行業的生態是健康的。所以多年來在南部城鄉所開出的店面，維持著相等的數量，有人因年邁收攤，也有人繼起新設展店。在台灣中北部民藝品市場結束後，大家也紛紛到南部來尋貨了，市場供需的消長，讓台灣南部的古董民藝品市場還能維持一段時間。

｜古董民藝品的生活美學

　　古董民藝品甚具親和力，把民藝品融入家庭布置，為家居增添一點藝術氣息，營造一個古樸簡約的生活空間，曾經是室內設計與生活的時尚。但要將民藝品搭配在生活空間，必須要具備巧思與設計的概念，如何使傳統和現代和諧搭配，最基本原則是東西不能多、不能雜，民藝品只是個點綴，背景要單純。民藝品隱約其間的常民趣味，在價錢便宜下，有人因此而貪多，很容易把家裡堆成民藝館或資源回收場。

用古董壺杯來喝茶，心境自是不同，圖為山堂夜坐及其店主。

原住民文物以其稀有，自始即是珍品。

　　這些民藝品都是民間使用的日常用品，與精緻的官窯古董不一樣，官窯古董是華麗昂貴而不可親近，只有長年安置在古董櫃裡，或以錦盒收藏在保險箱中。而這些民藝陶瓷是有生活感情的，日常可以觸摸或使用，例如陶甕可用來當花瓶、門口雨傘缸或茶葉罐；大陶甕可養魚種荷花，木雕片可裝框掛牆壁，木雕神像當藝術品，筷筒可當筆筒或花瓶，石磨石臼搭配萬年青或加上流水，頓時成最佳造景器材。用古董杯喝茶，心境自是不同，感覺茶水特別有味。這種民藝品具有常民手工特質，殘留歲月的痕跡，充滿歷史民俗的內涵，每當欣賞把玩或使用它們時，內心總覺得特別充實寧靜。

　　日本民藝理論家柳宗悅認為，平凡的工匠在製作器物時，因為不刻意精心構思，而以無造作的心情投入，因此出現了許多不具美醜區別的自由之物，成為令人崇尚追求的素雅作品。而古董民藝品價錢便宜，可謂上班族與學生的古董，是多數人買得起的古董。喜歡老東西的人都會收藏一些，但這些都只是好玩，不能期待增值，民藝有情，台灣古董民藝品的價值純粹是情感層面的。

古董的生活美學

常民皆可入手的古董收藏品項

高貴不貴的古董，上班族皆可收藏；平易古董不該藏在深宮大院，應融入日常生活，豐富生活內涵。就普通家庭而言，古董收藏的目的應該在於賞玩及怡情養性，而不一定是為了投資增值。

│ 古董的印象

　　一般人印象中的古董，多半就是故宮珍品、拍賣會屢創新高的官窯，以及博物館被竊價值數億的名品。這都是平日媒體提供的印象，當然這也不能全怪媒體，因為媒體為了收視率，就是要從聳人聽聞的角度、專挑刺激引人的新聞來報導。不少人的知識僅限於媒體，於是他

們對古董的印象就是那些官窯珍品。故宮雖不收藏民窯陶瓷，但並不表示沒有民窯的存在；其實現今古董藏家中，收藏官窯瓷器的只有極少數的人，絕大部分是收藏民窯陶瓷。甚至古董店裡擁有官窯瓷器的，也只有少數。而古董民窯與高古陶瓷價錢便宜，一般民眾可輕易擁有，上班族可以買，一般家庭也都買得起。

上圖／各式明清時代的小茶杯顯露民窯瓷器特有的純真美感
左頁圖／高雄古董界的黑貓強調古董高貴不貴，常民皆可收藏。

　　古董被高舉為遙不可及的這種印象，主要在於古董之美與生活層面被隔離開來，民眾未能結合生活來體驗與品味古董的美感，大家誤以為古董都應被供奉起來，被珍藏保護；然而，古董可以從使用的角度來尋求美感。筆者在此討論古董的美學與價值，平易古董器物既非高價，古董結合生活的使用當為可行，因此筆者提供個人理念，可稱為古董的生活美學。本文將從美學、歷史與市場行情來分析古董的狀況，並介紹在實際生活上的應用。

平易古董的價位與美學價值

　　在陶瓷器價錢上，雖然大家知道那只元青花鬼谷子下山罐，拍了約 9 億台幣，然而，假如所有的古董都那麼昂貴，脫離現實，本文也就無法在此談論古董的生活美學了。事實上，大部分古董瓷器是高貴不貴，甚至是平民價錢的。以民窯瓷器來說，一只 15 公分高的清代光緒冰梅瓶，約 5000 元台幣；清代乾隆青花小茶杯纏枝連紋飾 5000 元、人物紋飾 6000 元；明代青花小茶杯 3000 元；一只清代青花小茶壺才 5000 元；明代單色釉小茶葉罐 3000 元；小型高古瓷器也只要數千元即可買到。由上可知，民窯瓷器的價錢遠低於官窯瓷器，也比歐洲進口咖啡杯組，甚至現代陶藝名家的作品還要便宜。

上圖／天津櫃上古樸寧靜的民窯瓷器可供玩賞
右頁上圖／架台上立著姿態生動的魁星爺和竹雕筆筒，牆上則是清代名家何紹基的書法。
右頁左下圖／起居室亮格櫃上擺的是小件明清青花瓷，平日可欣賞把玩及用來泡茶。
右頁右下圖／地氈可讓地板的視覺效果頓時豐富起來，是居家裝潢不可或缺的點綴。

　　平易陶瓷在美學價值上，官窯瓷器之美在其精緻，胎質精細、釉面白潤、紋飾絢麗多姿、筆繪精細準確，構圖嚴謹。雖然歷代對於瓷器鑒賞，向來只談官窯，對民窯幾乎排除在外，關於民窯的書籍與論述寥寥無幾；其實古董瓷器並非官窯瓷器才是美的，古董民窯瓷器也具有獨特的美感，景德鎮全盛時期有九百多座窯廠，官窯再多也不過是民窯的千分之一，所以存世的民窯瓷器更為豐富多樣，藝術性的表現也相當高，是值得欣賞與收藏的。

　　民窯瓷器與高古陶瓷之美可歸納為樸拙之美、手工藝術之美、畫風紋飾之美、皮殼之美，以及歷史文化的充實感。民窯與高古陶瓷相較於官窯是質樸的，也就是簡單、純真的，且外表粗糙或不規則的，具有簡約與禪味之美。簡約樸拙有古雅寧靜的氣息，耐看不膩的本質，這種特質予人愉悦之感，令人心情沉澱與鎮定；樸拙也就是純真不做作的反映，純真就是一種美感。古董器物當時的製造無論雕塑或繪畫，都是手工製作的，其手痕歷歷在目，令人可以感受到那種手工的暖度，充滿獨一無二的生命力。民窯陶瓷的紋飾有寫意與抽象的風格，

筆意浪漫而自由，其題材廣泛，貼近生活。玩賞古董的人總是強調皮殼或包漿，因為古董器物的表皮長年在人為的撫摸與歲月的氧化下，產生包覆在外的氧化層，如霧般的黯淡色調，散發出一種靈光，其皮殼讓人感覺其穩重與成熟。民窯與高古陶瓷的歷史文化信息，讓人具有豐富的想像空間，想望年代遙遠的背景與生活，歷經了多少年的歷史與歲月，這是一種多層次的神祕美感。

在古董家具的價格上，明代黃花梨或紫檀家具可達千萬元台幣，但軟木類的櫸木、柏木或榆木未必如此，清末民初櫸木官帽椅或櫸木半桌約 1 萬 5000 元台幣可買到，酸枝茶几約 2 萬元，日治時代精美的檜木化妝檯 5000 元即可擁有。這類早期家具雖然年代不甚久遠，但式樣雅緻簡約，外表包漿老舊，也都被古董業者與古董愛好者歸類為古董，其價錢都比進口家具，甚至相同木料的新製家具低廉。古董家具即使是軟木類的櫸木、柏木或榆木，以其優雅設計早就超越一般家具的實用價值，而提升至藝術價值的境界，在室內設計上甚具美感。

民藝品其價錢便宜，一片精美的小木雕片 2000 元，品相普通者數百元。清末民初的碗盤 500 元有找，明代安平壺 2000 元，近代早期檜木菜櫥 8000 元，孔雀椅 1500，早期小陶甕數百元，至於其他鐵皮招牌與玩具，皆以百元計。藏家若是預算有限，可以先從台灣民藝品買起，民藝品也是充滿歷史美感及風味的老東西。現今台灣資深的古董業者或收藏家，許多都是早期收藏民藝品然後升級為收藏中國古董的。

右圖
櫸木圈椅與酸枝茶几的組合線條優雅，流露古典氣韻。

左頁圖
倚偎客廳小牆的茄苳入石柳五斗櫃，櫃上古董可依季節心境換置。

起居室紫檀的地板上放著一張路易十五風格的西洋桌椅

　　民藝品是實用品，是無名工匠所製造的生活器物。民藝品的製作者繼承祖先的傳統與長年工作的技術經驗，默默虔誠地完成一件件作品，灌注傳統匠師生命的工作成果，它是質樸價廉的。民藝之美亦所謂「尋常之美」或「無為之美」，又因製作者專精貫注，產生自然樸素感，所以溫暖而有人情味，這些民藝器物輕易喚起了人們的親切與眷戀之情。民藝品有歷史性與藝術性但價低，可謂物超所值。不過，在此追求的樸質美感不同於蒼白空無，也絕非陷入禁慾的肅穆，更不是擁古董的富者扮貧的表象，而是一種高質感的樸質美。

古董購買的思慮

　　買古董似非生活必需品，或許給人浪費之感，可是仔細分析，在古董生活化的理念下，收藏古董非但不顯浪費，而且值得，在此列舉幾項說明：

　　一、做為嗜好：現代人滿足了溫飽外，總有一些生活方面的花費與休閒嗜好的支出，比

左圖／風雅的竹簾像清淡的水墨畫，是絕佳的背景，襯托古雅寧靜的氣氛。　右圖／中式元寶櫃、西洋古銅雕及油畫交織成和諧典雅的畫面。

如打球、美食、抽煙、喝酒、打牌等。要是選取古董收藏當嗜好，則更健康並獲益良多。若把古董收藏當成嗜好，花的錢也不會比其他嗜好多，而且更有價值；此外，許多人花那麼多錢在買股票、買基金，美其名曰投資理財，可是大多數人是虧損的，而那些長年虧損在投資理財上的錢，已不知可以買多少古董了。

二、裝潢擺設：不少人家花在房屋裝潢的錢動輒百萬元，若以古董擺飾品當裝潢，實不必花費如此之多，效果又好。固定的土木裝潢無法搬移，又會隨時間老化與破損，甚為浪費可惜。而古董不是消耗品，它是一種具體資產，甚至可以保值、增值；在價錢上，古董擺飾品甚至不比百貨公司的進口藝品昂貴。

古董家具都是上好的木料製造，至少是欅木、柏木、榆木、楠木、檜木或烏心石木等實木，以卡榫接頭，極為堅固耐用，多年後若欲換置，尚可保值。而現代家具一般是用夾板貼皮，以螺栓相接，日久易搖動損壞，使用年限不長，終至丟棄。在價錢上，低價古董家具比

客廳的角落置著秀麗的酸枝小圓桌與小姐椅

品質好的進口家具便宜，若家中以古董家具取代現代家具，並不浪費，而且划算。一只清代乾隆時期的民窯青花小茶杯，比進口的歐洲名牌骨瓷咖啡杯便宜。這類清三代小茶杯的價錢，比起當今台灣幾位陶藝名家所做的小瓷杯，也低廉甚多，所以使用古董小杯飲茶並不算奢侈。

　　此外，古董地氈及古董燈具也都不會比新品貴。

　　我有不少古董界朋友都是市井小民，有公務員、工地工頭與包商、木匠、跳蚤市場擺攤者或文史工作者，其中上班族的公務員，算是收入與生活最為穩定的族群了。當中很多人都是經濟不豐而對古董有興趣者，他們玩賞一件價位不高的古董而津津有味，常為淘到一件老東西而興奮不已。所以，能充分享受古董的生活美學與擁有文物的樂趣者，不一定在於其經濟能力與身分地位高低，而在於其生活品味與性向。

古董的居家空間美學

■ 古董家具

因為現在居家裝潢，大家喜歡的內涵是賦予人性、簡潔與舒適，若要應用古董家具來裝潢，也要符合這些原則，應用古董的室內設計不一定要有整體的中國風格，只要注入一點文化的氣息和質感，利用古典元素以營造人文的生活空間，有時只是重點式地點綴，放幾件古董家具以顯寧靜沉穩。

此外，現在家庭必有舒適的沙發與彈簧床等西式家具，古董家具的應用，要融入西式家具環境中，必然會碰到中西混搭的問題，在古董的應用上須考慮這一點。明式家具具備中西混搭的優勢，在家具搭配上不會有風格衝突的矛盾。用西式家具與中式古董家具的搭配，可淡化老氣，但沉穩濃重的色調，又令人有幽遠的遐思，這也就是新古典的風格。

中國古董家具以明式家具的造形最秀氣，其亮格與鏤空，帶穿透性的設計，極具高尚的東方風格，予人身心舒坦之感。中國古董家具其表皮不施漆，顯露原木色澤與層層山巒的紋路，令人有親近山林之愉悅，正符合現代人追求自然的心境。

古董市場上能夠找到的低價明式家具，大多為民國之物，其木料多為軟木類，這類家具在中國傳統上雖歸類為軟木，但其實相當堅硬，比常見的檜木、杉木等堅硬甚多。被歸為硬木的紫檀、黃花梨與酸枝，在木料日漸稀少下價錢高昂，即使是近代所造之紫檀、黃花梨家具，也價值不菲。

擺設古董家具，最好當成一件藝術品來擺置，視屋內面積，只宜二、三件點綴，背景牆面只要白色石灰牆，室內最好空淨留白，突顯該古董家具的高雅，並避免混雜錯亂。擺設古董家具最要避免過多家具或物品擁擠排列，才能突出美感。

■ 高古與民窯陶瓷

高古與民窯陶瓷是低彩度的古董器物，在居家裝潢中擺設高古陶瓷，可以顯現樸素古雅的情調與接近原始大自然的氣息，尤其近年來流行的簡約風格，這種低彩度的古董器物，最能營造氣氛。

古董陶瓷瓶罐在今日茶道風行的時代，可用來收藏茶葉，提升飲茶文化的境界。當然也適合用來插花或當筆筒。古董瓷盤可用來置放水果與點心。

外型古雅的明代安平壺可用於存放普洱茶

質樸高古陶瓷罐和西洋油畫的搭配，展現出對照的興味。

左下圖／中西混搭不僅增添宜人的活力，也流露沉穩濃重的氣質。

右中圖／日本銀合金茶壺與光緒青花小瓷杯是實用的收藏品　右下圖／使用晚清民窯青花杯壺，飲用時令人覺得茶香更為清甜。

古董小茶杯更可以拿來喝茶，手持一只清代乾隆小茶杯品茗，不禁覺得茶香更為清香甘甜，大型古董硯台可活用充當茶檯。遠在九十年前，日本著名的美學家柳宗悅就說，最理解古董的生活美學與古董的生活應用的，是精通茶道的人。因為他們對美有深切的體驗，美感也由茶道具的美來獲得，茶道儀式也就是從觀賞到使用，再深入到道。對用具追求美，使美與生活相結合。

■ 民藝木雕

古董花窗板或窗櫺可做屏風、隔間與玄關，其透空性，有鑿壁借光的妙用，又讓空間產生層次感，使空間有放大的感覺。其他的古董木雕，具有精巧的藝術美，用來裝飾牆面顯得生意盎然。

■ 古董石雕

古董石雕常見的有石獅、石墩、石椅及浮雕等，具備粗中帶細，樸拙中見精緻的特色。石雕是原始自然的材質，可營造古樸風味與大自然意境，也是營造中式庭園風格的基本元素。

■ 古董地氈

地氈可讓地板的視覺效果豐富起來，使立的牆面與平的地面有整體的效果。古董地氈是純羊毛、純絲與純手工的，其天然染料經久不褪色，老氈之紋飾圖案亦優於新氈。地氈之編織甚為費工，今日工資上漲使新氈價格高昂；相對之下，古董地氈反較低廉。筆者個人偏好西藏古董地氈，具有東方與西方風格，適合中西混搭環境。

以鏤空門板做屏風隔間，其透空性有借光的功效，並讓空間產生了層次感。

上列圖／古意精巧的銅配件，充盈祥瑞之氣。

有價值的手工古董地氈都是塊狀，而非滿鋪地氈。

■ 古董燈具

　　古董燈具如吊燈、壁燈及檯燈的配置，可以讓空間更有層次感。我們既然要創造一個古典人文的居家環境，燈具也要配合相當的形式與風格，才能有整體的搭配。西洋的古銅燈或日式奶油燈，既便宜又有奢華貴氣的效果。在光影上，傳統的燈泡使光線具有光亮陰影的立體感。

■ 銅配件

　　美化空間的小零件，愈古愈有韻味。木頭的紋理與古董銅件的斑駁，相互輝映，彷彿訴說歲月滄桑的痕跡。木質的門、櫃、板皆適合加上銅件，在平淡中出現細膩化，顯現高度藝術價值與古典氣息。有時只須在角落擺放一個有歷史的家具或器物，立即提升了特殊的氛圍。其實，古今交錯、東西文化交融，也可以帶來對比的效果。

古董收藏可做為一生的樂趣

　　古董的尋覓與收藏，豐富了我們人文精神的內涵，也同時提高我們的生活品質。一個人即使擁有很多財產，若無文化上的涵養與充實，其生活是蒼白無味的，買到一件好古董則如獲至寶一般，在平日生活中增添很多樂趣。

　　購買與擁有古董，不但可以欣賞把玩，也宜於居家生活使用。我們如能從中咀嚼出興味，使辛苦的工作有了具體的代價，讓精神得到愉悅與撫慰，工作壓力得以紓解，在繁忙的生活與艱澀的人生中，有了期待的欣喜。古董也可以培養業餘專長，古董器物收藏多了，功力高

了，可以轉行成古董商。退休後，正好把收藏品拿出來賣，幾乎每個古董商都是由收藏家自然而然轉變的。所以古董界有一句話：「年輕時我養古董，年老後古董養我。」在國內外常可看到很多中老年古董商，他們都是在退休後轉業的，所幸他們年輕時有此嗜好與收藏，提供他們在年紀大時，有一輕鬆悠閒的副業。

對於初學者的建言

古董收藏的高雅活動，不只文人雅士愛好，亦有器物品味高而價位低者，常民亦可為之。古董的收藏依個人財力而定，對於富裕或收藏經歷資深者，可選購高檔器物，求其保值增值。對於初學的新進買家，建議選擇喜歡的東西，可以在生活上使用，亦能賞心悅目。

切莫單為投資而買，也不要貪便宜而多買。最好向有信譽的古董商購買，即使是價錢貴一點也值得，也最好能有顧問的協助鑑定，而不致買錯。若要增進古董知識，則平日應多參看專書，多看器物，多逛博物館，參加古董研究團體，最好能參加課程，作有系統的研究。此外，多了解相關的歷史、文化、美術、工藝、文學、宗教等領域，則有助於古董器物的欣賞認識。

鼓椅既是藝術品，也是件實用的家具。

在古董研究會中興味盎然學習的成員

現成的文化創意產業

古董跳蚤市場的新觀點

古董跳蚤市場常給人鄙陋之感，其實它是千古行業，緣於世人皆愛逛跳蚤市場。跳蚤市場也是一種文化藝術產業，若經營得宜可晉升為高級古董市集，成為城市的地標、變為觀光勝地，促進城市的文化、經濟與旅遊發展。台灣各地有不少蚊子館，若以此閒置空間來評估、經營古董跳蚤市場，或可活化蚊子館，又可解決攤商一位難求的困境。

世人大多愛逛跳蚤市場，無不期待著淘到寶與撿到便宜。提起古董跳蚤市場就令人眼睛發亮，因為古董跳蚤市場比阿拉丁的寶窟還精采，跳蚤市場的獨特性及議價樂趣，是其他商店所比不上的。有人週末假日總是忍不住地往跳蚤市場跑，跳蚤市場可說是「淘舊貨者和獵奇者的幸福所在」。

跳蚤市場是千年不敗的行業，世界上每個城市都有跳蚤市場，在歐洲尤其多，每個跳蚤市場總是人山人海、摩肩接踵。世界跳蚤市場百百款，擁有許多不同的名字，如跳蚤市場、舊貨市場或古董市集，外文上無論稱 Flea market、Antique fair、Marché aux puces、Brocante 或 Flohmarkt 等，都可以指跳蚤市場，它可大可小，難給確切的定義，也可能是銷贓的賊仔市或鬼市，也可能是國際性的大型古董市集。本文所述的古董跳蚤市場，主要是針對販賣收藏性古董舊貨的市場討論，不包含販賣二手日用品的市場，以及夜市攤商。

跳蚤市場的貨物

　　跳蚤市場的貨物可以稱之為古董、舊貨或民藝品，事實上也不用太介意它的身分名稱。有的國家對古董的定義是五十年或百年以上，而中國大陸則認為前朝之物即是古董，也就是1949年之前的東西就算是古董了。市場上古董文物的價值不完全關乎年代，而常在於稀有性與藝術性，甚至於流行性，年代久的東西不見得比近的貴。很多中國唐宋陶瓷的價錢，竟比不上晚清的青花瓷。

百餘年前北京街頭的古董地攤

　　客人在雜亂的跳蚤市場中，是可能會淘到珍貴古董的，在高檔的古董店也可能會買到近代仿冒品。在跳蚤市場，眼光不夠敏銳的人是看不到任何東西的。古董跳蚤市場的貨色是獨一無二的，每次都會發現不同之物，每次在跳蚤市場尋寶，如果多逛兩圈，常發現有漏網之魚。跳蚤市場總是充滿新奇與新鮮，逛跳蚤市場的樂趣就像孩童過年過節逛市集一樣，令人帶著歡欣雀躍的心情。

　　在分不清年代、辨不清真假的跳蚤市場中，真貨其實不多，在贗品充斥的古董市場，能淘寶撿漏的機會少之又少。但跳蚤市場的東西也不全是贗品，常有神品廁身其間，也可以找到難得的夢幻逸品。我有位愛收藏的朋友曾老師，從學校退休多年，每到禮拜六，總趕早6、7點就來跳蚤市場逛，他說晚一點好東西就被搶走了。他最近以800元淘到了一只漢代銅盆，與博物館圖鑑尺寸相同。銅盆綠鏽都已成結晶，緊密連結在盆面上，用鋼刷也難以刮除，這是真正的二千年銅綠。這樣的銅盆在地攤上一點也不起眼，竟然讓他發現。此外，曾老師還淘到一個北宋四耳罐，也是開門的東西。

　　眼光銳利的阿政，每個禮拜也都會到古董跳蚤市場來，他只要巡視一遍，好東西逃不出他的慧眼，但他總是姍姍來遲。他神色自若地笑說：「我都很晚才去，讓人家先挑。」

即使他晚去，也常有佳作。那天就看到他喜孜孜拎著一只隋代盤口陶罐回來。一般人常認為想在跳蚤市場裡找到真古董，猶如緣木求魚，但阿政就是有眼力，經常從跳蚤市場帶回不錯的東西。

至於我，也曾用 300 元買到了一只明代小茶杯，杯心畫著一隻鯰魚，圈足有跳刀及爐渣，屬典型的明代嘉慶至萬曆間的青花瓷杯。

｜ 跳蚤市場的地位

跳蚤市場不怕出身低，成功的跳蚤市場可以搖身一變晉升為高級古董市集，成為城市的地標，更可以變為觀光勝地。跳蚤市場的地位如何，端視怎樣的經營，對於城市文化、經濟與旅遊的影響，實在不容小覷。

跳蚤市場可以晉升為高級古董市集，例如巴黎聖湍跳蚤市集（Marché aux Puces de St-Ouen）與倫敦的波特貝露跳蚤市場（Portobello Road Market）。

巴黎聖湍在城市的郊區邊緣，原是一片長滿雜草的廢棄空地，是備受詬病的混亂區。1870 年巴黎為了整頓市容與環境衛生進行城市大改造，拆除貧民窟，把破爛回收商與拾荒貧民趕到郊外的聖湍。這些拾荒者將回收整理的舊貨，在假日露天擺攤兜售，竟大受歡迎。聖湍市場經百餘年的發展，至今具有各種檔次的舊貨古董，包含高級古董店，有金碧輝煌的大型玻璃櫥窗、各種極盡奢華的古董家具、美術品與珠寶飾品。

倫敦的波特貝露跳蚤市場，最早是聚集著販賣藥草及馬匹的吉普賽人市場，現在仍有櫛比鱗次的露天攤，充滿了生氣，有著快節奏、具原始風味、多元化及民族色彩。每天有各國觀光客慕名而來，每逢假日人山人海，擠得水洩不通。這裡也有很多家高級古董店，古董等級相當不錯，種類又多，家具、石雕、銅雕等大件古董也俱全，是倫敦有名的古董店區。

跳蚤市場可以成為城市的地標，開創地方的經濟文化，城市以它的跳蚤市場聞名於世。例如義大利的阿雷佐（Arezzo）、

上圖
巴黎聖湍市場經百餘年的發展，
各種極盡奢華的古董家具、美術
品與珠寶飾品應有盡有。

下圖
倫敦波特貝露跳蚤市場是國際聞
名的觀光景點，也是古董街。

現成的文化創意產業——古董跳蚤市場的新觀點　167

比利時的同赫倫（Tongeren），世人只要談到這兩個城鎮，直覺就想到它的跳蚤市場。

義大利的阿雷佐在偏遠的山城，阿雷佐廣場原本有個香草市場，1968 年香草市場因沒落而遷出，使這座美麗的中世紀廣場就此閒置。鎮民亟思活化利用這座廣場，熱愛古董的布魯奇先生認為，最佳辦法是仿效倫敦的波特貝露，成立一個假日古董市集。在他努力奔走下，推出各種古董市集相關活動，使古董市集一開始就很成功，觀光客絡繹不絕。古董市集使阿雷佐成名，多家古董店及古董維修店隨之開設，強烈地影響了小城的社會、經濟與文化發展。很多國際政治家、經濟學家及古董商都特地到此參訪。

比利時的同赫倫是遠離首都布魯塞爾的小鎮，必須輾轉換車才能抵達。同赫倫從來不是個商業繁榮的地方，二次大戰時，甚至是鄰近各國貴族富豪避難的鄉郊之地。往後它一直在平淡中度日，後因 1976 年成立了週日跳蚤市場，三十餘年來的經營，使同赫倫變成了一個寰宇著名的古董城鎮。如今人口僅三萬的同赫倫，大部分居民從事古董行業，有四十多家古董店，是歐洲著名的古董批發中心。每個禮拜天上午有一場週日古董市集，吸引眾多國內外的買家遊客。同赫倫的古董市集創造了城市活力，繁榮了地方的經濟與社會，成為城市的地標。

跳蚤市場更可以成為觀光勝地，例如土耳其伊斯坦堡的大市集、泰國曼谷的恰都恰跳蚤市場（Chatuchak Weekend Market）和中國北京的潘家園跳蚤市場等。

伊斯坦堡大市集是所有到伊斯坦堡旅遊的國際觀光客都會到的地方，人潮始終絡繹不絕，每天有高達二十五至四十萬人次。巍峨的拜占庭式建築、阿拉伯風格的圓頂、哥德式穹窿弧稜拱廊、高聳的天花板和壯麗的圓柱，古典氣派，是鄂圖曼帝國的輝煌遺跡，充滿中東的伊斯蘭風情。

上圖
比利時同赫倫的古董市集，
為這個地處偏遠的小鎮重新
帶來了活力。

下圖
伊斯坦堡的大市集為著名觀
光勝地，充滿了中東的伊斯
蘭風情。

左頁圖
義大利阿雷佐這座美麗的山
城因跳蚤市場成為城市地標

泰國曼谷的恰都恰假日跳蚤市場，是泰國旅遊資料必定推薦的觀光勝地，在國際上知名度甚高。這個市場像泰國人文環境的縮影，境內各種族的人到此擺攤，每到假日滿坑滿谷的攤位深具濃厚的草莽氣息。市場內慕名而來的外地遊客比本地人多，到處人聲沸騰，甚多金髮白膚的洋人觀光客攜家帶眷到此一遊。

　　中國北京的潘家園已成為觀光勝地，由流行語「登長城、吃烤鴨、遊故宮、逛潘家園」及「天安門廣場抬頭看升旗；潘家園地攤低頭尋國寶」，可知潘家園是外地遊客到北京的重要節目。潘家園原本是凌晨摸黑進行的鬼市，來自山西、河北、天津、陝西、內蒙古、河南等地的古董販仔，把鄉下收到的古物帶進北京，在潘家園馬路兩側擺地攤。隨著改革開放，公家開始整治這個市場，搭棚子，鋪水泥地，建圍牆。想不到愛淘寶的人那麼多，市場總是擠滿了人，於是不斷地擴大。原來只有週末日開放，後來改為全年無休。現今來自各個省市自治區及民族，共約四至五千個攤位，其市場的規模穩坐世界前三名。

｜跳蚤市場的空間

　　跳蚤市場的地點是最不挑剔的，可生存在各種空間地段，室內與室外皆宜。可以在宮殿的穹頂迴廊下，古城的大街小巷裡，老寺廟院落內，也可以在都市現代化的建築中，甚至可以隱身不顯眼的橋下或都市角落。縱然攤位雜亂無章，但反而令人好奇。

　　例如伊斯坦堡大市集、義大利的阿雷佐跳蚤市場與比利時的同赫倫跳蚤市場，都是在中世紀的城牆與古老的大街小巷間。日本的跳蚤市場常在寺廟院落內，攤子擺在一排老松樹下，中國蘇州及泉州的跳蚤市場則在孔廟旁，都很有西漢跳蚤市場「槐市」的遺風：「倉之北，為槐市，列槐樹數百行為隊，無牆屋，諸生塑望會此市，各持其郡所

上圖／北京潘家園舊貨市場為著名的觀光勝地，現又開闢了市民跳蚤市場。
下圖／中國蘇州與泉州的跳蚤市場皆設在孔廟旁

出貨物及經傳書記、笙磬樂器相與買賣。」這些令人思古幽情的環境，絕對是古董商與藏家一生夢寐以求的市集。

日本大江戶古董市場則在現代化的東京貿易中心旁，以其在市中心，交通便利及地點潔淨，受到民眾歡迎。此外，還有跳蚤市場是在國際展場、古堡、倉庫，甚至舊飛機場內舉行的。一般跳蚤市場大多免費，但也有收取高達千元台幣的入場費的。

即使沒有老城牆與古建築，台灣也曾有極具風情的跳蚤市場，從前台北牯嶺街舊書攤在老榕樹下，高雄同盟路古董跳蚤市場在愛河邊，客人在樹蔭下逛市集也甚有懷古氛圍，惜被政府以影響市容為由而驅離。台灣的跳蚤市場在公共場所被驅趕，在私人空地也不易承租，以至於攤位難尋。例如台北建國玉市與光華玉市早就額滿，高雄十全跳蚤市場曾高達千餘攤，其後場地一再縮減。而新建的內惟跳蚤市場，開市就有三十餘攤向隅者，可謂需求者眾。

跳蚤市場的攤商

在歐洲從事古董或跳蚤市集生意的大多是老人家，平日照顧一個攤子，賣些首飾之類的小古董、小東西，不費體力，他們對這些小首飾如數家珍。所幸他們年輕時有此興趣與收藏，得以在年紀大時，有一輕鬆悠閒的副業。

　　歐洲各地的跳蚤市場甚多，攤商開著貨車或廂型車載著貨物前來。對於一些古董商販，這輛貨車或旅行廂車就是他們的店面、住家兼倉庫。其生活就像遊牧民族，逐一參加各地的古董市集，夜晚就住在旅行廂型車上。

　　台灣地方小，跳蚤市場攤商不需要以貨車為家。除了退休的收藏家、失業的年輕人，也有些是轉業的，例如原本是粗工、裁縫師、賣魚或當導遊的，甚至有年華老去的酒女，他們因景氣的變遷而轉業，尤其上波無薪假的經濟蕭條後，跳蚤市場的攤商大增。

　　跳蚤市場的古董業者們不論出身如何，通常是具有較高藝術眼光與生活品味且對古董有所喜好者。有些古董商另有店面，到跳蚤市場來擺攤，可以接觸更多的客源，把新客人吸引到店家來。在跳蚤市場裡，店家也可以乘機進貨，常碰到收藏家拿出家中古董來託售，甚至會遇到整批拋貨的收藏家眷屬，那更是千載難逢的好機會。

　　我的朋友阿豪到跳蚤市場擺攤不到兩個月，已碰到兩次這種機會了，讓他大呼過癮。還有蓋鐵屋的俊仔，他攤上原本陳列極為普通的舊貨，後來忽然出現一大批高古古董，從五千年前的彩陶以降至清代青花瓷，轟動業界，原來他收購到一批收藏家的貨。

　　跳蚤市場業者還有一個靈魂人物，那就是團長，這是跳蚤市場的總經營者。通常由他出面向地主承租一塊大場地，再分割成小單位租給古董攤商。團長要負責招商、廣告宣傳、維持秩序、清潔衛生等。

跳蚤市場的客人

跳蚤市場的客人有來進貨的古董商、淘寶的收藏家、找靈感的設計師，還有只是來逛市場看熱鬧的閒人。

積極進貨的古董商大多趕早來，也許天未亮就拿著手電筒來找貨。他們腳步急切，怕失先機。他們搜尋每一個攤位，臉上全神貫注，眼光快狠準，怕有漏網。拿起物品，仔細地鑑定老件與仿冒的異常，在外幣與台幣間換算，在買價與賣價中衡量，凡事必須斤斤計較又不想錯過好東西，因為一不小心就失之毫釐，差以千里。到海外尋貨的古董商單幫客，提著滿行囊的貨物，動輒傷脊椎與肩臂，他們尋貨的身心壓力苦不堪言。

淘寶的收藏家懷著撿便宜的心態來尋寶，他們是古董獵戶，有自己喜愛的物件，盼望淘到至寶的驚喜。收藏家是跳蚤市場的常客，來跟熟悉的賣家打招呼或跟舊識同好不期而遇，他們在市場駐足閒聊，如魚得水。逛跳蚤市場不單是古董的賣買，還有更多人情的互動。收藏的人雖然是來淘寶的，但切勿見獵心喜，最好能穩下心來讓自己完全放空，把眼睛張得雪亮，把心胸徹底打開，不帶目的的心情最是愉快。

左圖
京都的北野天滿宮跳蚤市場位在古老寺廟內

左頁圖
高雄十全玉市內之民藝古董市集

找靈感的設計師是較現代化的一群，他們從事建築設計、室內裝潢、服裝設計或美工設計。經過多年的專業訓練與見識，有獨到的眼光，對藝術與美感有敏銳度，以藝術的眼光看待民藝品或古董物件之美，通常也會有一點收藏。他們因個人嗜好與設計參考，而到跳蚤市場來找靈感並尋寶。

逛市場看熱鬧的人是最悠閒的，不帶目的，以輕鬆的心情緩慢的腳步來逛街，一切只是為了好玩，他們不以購買為目的。跳蚤市場物件的奇特性有別於百貨公司與超級市場的名牌精品，令人驚喜，也常喚起人們的懷舊之情。逛跳蚤市場的自在性，也不同於中高檔古董店

高雄十全跳蚤市場的規模為全台最大

須推門而入，在店家眼光追隨之下予人的拘謹。

　　有一天筆者看到養雞致富，又有無數收藏的榮仔正迎面走過來，我打招呼：「榮仔，你都收那麼高檔的，怎麼也跑跳蚤市場？」

　　「我來看看老朋友，喝喝茶啦！」榮仔出手乾脆大方，他說以前好貨多，商家會藏在貨車裡等他來。但現在都沒有好東西了，言下不勝唏噓。

　　「陳老師，你也來逛跳蚤市場，今天有沒有找到好東西？」

　　「只是來看看市場賣什麼，現在流行什麼貨。」

　　原來跳蚤市場已成為俱樂部，是同好或同業聚會的場所，高雄玉仔市後面的空間寬廣，只見幾處茶攤散落各角落。一張小桌、幾張矮凳，幾個古董攤商與客人圍坐一起，大家把現實煩惱拋之腦後，笑嘻嘻歡笑地聊天。基層的朋友只要一杯茶，幾粒瓜子，就能自取其樂。這些朋友假日都在跳蚤市場流連忘返。

｜跳蚤市場或可活化蚊子館

　　愛逛跳蚤市場的大多是市井小民，通常嗜好古物而有懷舊情懷，他們經濟不豐，能夠出

曼谷的恰都恰跳蚤市場為旅遊資料推薦的觀光勝地，就像是泰國人文環境的縮影。

得起價的不多，教育程度也不一定高。一件便宜的老東西能讓大家津津樂道而且興奮不已，充分享受古董的生活美學與擁有文物的樂趣，跳蚤市場提供大眾一個深具文化氣息的休閒去處，並提高民眾廉宜收藏的樂趣。

在台灣談到跳蚤市場，直覺是個髒亂之地，給人鄙陋之感，這是台灣跳蚤市場管理不善所致。也許是政府太鄙視跳蚤市場，官員從未正視這個主題，只知驅趕而不知輔導利用。世界上其他國家政府經營跳蚤市場而獲致成功者不乏先例，以北京的潘家園跳蚤市場為例，以不到半價的攤位租金提供給非商家的市民，來販售家中的舊物，也大獲歡迎。

台灣亟思推展文化創意產業，但成功案例不多，其實古董跳蚤市場就是眼前現成的文化藝術產業，若跳蚤市場經營得宜，可以晉升為城市的地標，更可以變為觀光勝地，對於城市的文化、經濟與旅遊，具有相當的影響力。台灣各地沒落的傳統菜市場，也是理想的古董跳蚤市場用地。例如台北的昭和町古董市場，原本是蕭條已久的錦安市場，如今躍升為被推薦的旅遊之地，它是很成功的轉型案例。台灣各地有很多蚊子館，當時建設的初衷不外乎提供一個活動空間，提高民眾的文化與藝術水準。而古董跳蚤市場正符合這種功能，若以閒置的空間來經營古董跳蚤市場，或將是最適當的場地。

海撈瓷的市場現況分析

中國南方城市所見

2011年6月20日，印尼考古隊在爪哇海底發現一艘中國明代巨大沉船，在這艘16世紀的巨船內藏約七十萬件瓷器，價達7000萬美元，無論從文化、歷史或商業的角度來看，都具有獨特意義，此新聞也因而造成國際轟動。近年來，沉船海撈瓷陸續打撈出海並進入拍賣市場，大大影響了古董瓷器的市場行情，原本在中國長期受忽視的外銷瓷與海撈瓷，也在市場上增溫加熱，重新煥發光采。

　　海撈瓷受藏家注意並引發熱潮，是近幾年的事，2007 年市場上海撈瓷已多量出現，而且價錢不菲，藏家們莫不希望擁有一件，更有積極的古董業者與藏家特地趕赴福建平潭和廣東陽江，希望能獲得第一手的海撈瓷。不過，2011 年上半年市場少有海撈瓷，但下半年就已隨處皆是了，半年間古董業界都在搜求海撈瓷，同樣的一件瓷器，若是海撈品，價格就要高上 15%。

　　如今海撈瓷已成為古董瓷器領域中的一個專門項目，若不知海撈瓷的發展歷史與市場現況，而人云亦云、趨之若鶩，很容易受騙上當。有一位高雄的藏家以新台幣 200 多萬元在大陸買下一大批海撈瓷，經鑑定後卻發現是仿冒品，他難以置信地痛苦驚呼：「怎麼可能？我在平潭待了五天，親眼見到瓷器從船上搬下來！上頭還沾滿貝殼海蟲，海水還濕漉漉地滴下來！」

　　台灣是個海島，與中國大陸相隔著台灣海峽，漁民是否撈過沉船海撈瓷？答案是有的，其實海撈瓷在台灣古董界是個沉寂已久的往事。遠在三十餘年前，台灣古董界就曾流行過海撈瓷，當時高雄漁民撈到的海撈瓷，經販仔腳收購匯集於登山街一處民宅，再以電話分別通知收藏家來看貨，彼時的海撈瓷部分是漁民日用品陶瓷，部分是貿易瓷，其年代上看五代。那時候兩岸阻隔，一般台灣古董界所能玩賞的僅有民藝品，對於中國各朝代各名窯的陶瓷，僅限教科書或故宮所見，因此經由海上出水的海撈瓷顯得珍貴而價值不菲，據說一件大型完整的器物可換得一棟房子。但隨著後來兩岸開放，中國古董大批進口，台灣漁民撈到的海撈瓷價值就一落千丈，以致最後無人聞問。

| 外銷瓷的繁盛時代

　　海撈瓷的定義，是指從海裡打撈出來的古代沉船外銷瓷器。中國的海上貿易從漢代就開始，唐宋時代的造船及航海技術已甚有進步，海上的絲綢與瓷器貿易更加頻繁，有「舶交海中，不知其數」的盛況。至明清 18 世紀時，瓷器外銷達到了高峰。外銷歐洲及阿拉伯國家的外銷瓷都是從南部沿海口岸出發，主要是泉州及廣州，經海上夷道，也就是海上絲綢之路至各國，

通達四十餘國。大海航行險惡，船隻常發生意外而沉沒海中，隨船瓷器也落入海底。經調查，發現沉船最多的地方是南海西沙水域，歷來沉船約兩千至三千艘，宋元船隻居多。直到19世紀清中晚期，歐洲人紛紛自行研發出瓷器製作的技術，因此和亞洲陶瓷的交易量才逐漸減少。

　　泉州港古稱刺桐港，宋元時期曾是世界海上大港，義大利旅行家馬可波羅在其遊記中也盛讚：「刺桐港是世上最大的港口。」目前在泉州仍可尋得古碼頭遺跡和海外交通史博物館及泉州灣古船陳列館中的海絲遺跡文物。

海撈瓷的打撈與拍賣歷史

　　由於航海技術的進步，近代頻頻發現並打撈古代沉船，在中國海上絲綢之路沿線，16至19世紀間發生了許多沉船事件，從這些沉船中可撈取出大量的中國外銷貿易瓷。這五十年來，在海上絲路上大規模打撈沉船的成果右頁列表。

　　就在國際海撈瓷拍賣市場一片火紅之際，中國沿海對海撈瓷的非法打撈也同時火熱展開。特別是1996年瓊海漁民在西沙北礁的競相打撈，2005與2006年福建「碗礁一號」與「大練島沉船」被漁民發現，後來幾乎是整個村子的人都參與了瓷器的打撈；等到政府介入取締時，「碗礁一號」的瓷器早已被盜取近半。

海撈瓷的價值

泉州后渚港出土的宋代貿易船，於1974年發掘。

1967 年	南海漁民在西沙北礁發現古代沉船。
1975 年	廣東考古隊在西沙北礁發現唐代沉船及瓷器。
1984 年	韓國打撈起新安海底的中國船,獲得兩萬餘件中國元代青瓷。
1986 年	英國人哈徹在中國南海找到荷蘭沉船「哥德馬爾森號」,該船在 1752 年冬天載滿了瓷器,從中國廣州航向荷蘭,出海不久即觸礁沉沒。哈徹撈起了近二十四萬件青花瓷,這批青花瓷送交佳士得,在荷蘭阿姆斯特丹拍賣會場上,進行了整整三天的拍賣,每件瓷器的起拍價都在預估的十倍以上。
1992 年	荷蘭阿姆斯特丹拍賣近三萬件的中國海撈瓷。
1996 年	瓊海漁民在西沙北礁又發現數萬件瓷器,並予以打撈。
1998 年	印尼爪哇海峽勿裡洞島水域發現了一艘阿拉伯沉船「黑石號」,沉船上有中國唐代出產的瓷器、金銀器及銅鏡等共六萬多件。
1999 年	德國納高拍賣公司拍賣三十六萬五千件瓷器,共持續九天才賣完這批瓷器。這批瓷器是英國人哈徹在南海打撈的清代沉船「泰星號」,該船 1822 年 1 月從廈門出發,駛往爪哇,滿載百萬件清康熙年代瓷器。哈徹為了創造物以稀為貴的目的,僅挑選其中三十六萬五千件精品,而砸碎了其餘的六十萬件。
2004 年	佳士得在澳洲的一次拍賣會上拍賣海撈瓷,成交率高達 100%,連小型瓷器竟也拍出 22 萬美元的天價。
2005 年	紐約佳士得的中國外銷瓷專拍,此時外銷瓷已達天價,一件帶有菲利普五世徽章紋飾的外銷瓷,以 30.7 萬美元成交。
2005 年夏	福建「碗礁一號」考古打撈,經由媒體的大肆報導,海撈瓷才普遍獲得一般民眾與古董玩家的認識。
2005 年 12 月	中國嘉德四季在中國首次推出海撈瓷專場拍賣會,展出兩百餘件明萬曆時期的海撈瓷。儘管不是官窯名品,但受國際拍賣行情的影響,在拍賣會上大放異彩。兩百多件拍品總成交金額高達 2727 萬元,拍前預估價僅 100 萬元,拍賣率高達 92%。該批瓷器是明代中國沉船「萬曆號」及「迪沙如號」的貨物,由瑞典人史坦從馬來西亞海域打撈出來,交給嘉德四季公司拍賣。
2007 年 1 月	荷蘭蘇富比在阿姆斯特丹拍賣約七萬六千件中國清代雍正海撈瓷,花了三天才拍完。參與拍賣的兩百位收藏家,大多是歐美人士,少有華人,可見此時華人對海撈瓷的藝術與商業價值的信心尚且不足。該批瓷器是越南政府在越南海域打撈起「金甌沉船」的外銷瓷。
2007 年 5 月	發現明代沉船「南海二號」,有瓷器上萬件。
2007 年 12 月	完整打撈起宋代沉船「南海一號」,有瓷器六萬至八萬件。
2010 年 7 月	發現明代沉船「南澳一號」,有瓷器上萬件。
2011 年 6 月	印尼在爪哇海底發現一艘中國明代巨大沉船,內藏約七十萬件瓷器。

　　早期 1996 年,在海南漁民撈出的瓷器,一只才 50、100 元人民幣。中國人對海撈瓷歷來不重視,因為中國人對於古瓷的要求甚為苛刻,年分、品相、器型、紋飾、款式和珍奇程度,都很講究。相對於海撈瓷,有些人認為不是宮廷用瓷,多屬外銷瓷,且以民用瓷居多,又是民窯的客貨,製作工藝也不屬高檔產品。另一些人認為海撈瓷的紋飾、造形是為了迎合外國人的口味,不符合中國人傳統審美喜好,在國內市場不大,價格不可能抬高。

　　直到 2005 年,中國嘉德四季的海撈瓷專場的拍賣會,震撼了古董市場。之前海撈瓷在中國市場僅有零星交易,價錢也一般行情,由於嘉德四季拍賣會的傑出表現而迅速升溫。這

英國約克古董店裡的金甌沉船海撈瓷，品相如新。

場拍賣會是中國海撈瓷市場的轉折點，在某種程度上也宣告了海撈瓷在中國市場的價值，但其價錢與國際行情相較，仍屬落後。

之前國際上多次的沉船打撈與拍賣會迭創新高，是推動海撈瓷行情看漲的兩大因素。

海撈瓷在拍賣會場的火爆行情，終於受到華人的關注。據浙江的報紙形容，半年時間內，大家都像瘋子一樣地狂找海撈品。受媒體炒作與發燒藏友的影響，瓷器愛好者自然都想擁有幾件，一般資深瓷器的收藏者家中幾乎都有海撈瓷。

在泉州府文廟古玩市場內，一家販賣古董與茶葉的店內，展售著一只黏附海蟲與貝殼的明代青花茶壺，貝殼石灰殘骸間依稀可見青花的秀麗鮮豔，釉色肥潤，店主開價 2 萬 5 千人民幣，約合新台幣 12 萬元，貴得離譜。而在英國約克古董店裡，由荷蘭蘇富比拍賣輾轉而來，一只越南「金甌沉船」海撈醬釉杯盤，清代雍正青花 10 公分小碟盤，售價 85 英鎊，約合新台幣 4000 元，價格尚稱合理。

筆者走訪台灣高雄愛河畔的一家古董店，有幾件海撈的漁家用的陶罐，這類非貿易瓷，則不在本文討論範圍內；此地另有十餘件海撈的青花小茶杯貿易瓷，明末清初的紋飾與風

格，已經過初步清洗，僅殘餘少量古舊石灰殘骸，開口略有打磨。據悉該海撈瓷是菲律賓出水，八年前一位菲律賓台商朋友攜來求售的，該批海撈人物紋飾杯開價台幣 2000 元，風景紋飾杯開價 1500 元，其價錢甚為合理，因店主認為海撈瓷釉面腐蝕啞光，有損釉色，理應較一般傳世瓷便宜；而該店非海撈的清初青花小杯，價位約 3000 至 4000 元。此外，在台北麗水街一家瓷器古董店，一只元代素面無彩無飾的小茶杯，開價 2000 元。由上述價格觀之，台灣的海撈瓷遠較大陸行情低廉。

　　在國際市場上，歐美人士重視歷史與文化的價值，一小塊巴黎艾菲爾鐵塔拆下的鋼樑，歷史的意義能賦予特別的價格行情，故索價甚昂。中國海撈瓷在 1980 年代就已嶄露頭角，時至今日，它的拍賣價可謂是扶搖直上，國際人士重視海撈瓷的中西合璧，具有豐富的文化和歷史背景，而某次海難沉船的歷史意義，加上海底浸泡的風貌，增添了神祕的想像空間，而使其價格倍增。是故，即使半隻破陶罐和一堆牡蠣與殘碗摻黏在一起的塊物，竟可拍到 3500 歐元，這在華人世界是難以置信的。

打撈自菲律賓海域沉船的一疊海撈小茶杯

海撈瓷的外表風貌

　　海撈瓷在海底浸泡數百年，海水鹽分及暗流泥砂的沖刷摩擦，呈現啞光或腐蝕斑，有的瓷器深埋海底，只受侵蝕而無附著海洋生物；有的久經滄桑而黏滿生物，所以海撈瓷的遭遇不同，而外表風貌有別。瓷器在海底被海蟲與貝殼附著，海蟲與貝殼的外殼都是石灰質，海蟲與貝殼壽終之後，外殼殘骸有的會掉落，但大多仍會存留在瓷器表面，而新生代海蟲與貝殼也會繼續附著在殘骸上，於是好幾層的海底生物黏在一起，在同一位置上，新舊海底生物相繼生長。

　　例如「碗礁一號」的沉船瓷器都埋陷在海底泥沙層中，因此它們很少在表面黏附海底生物，泥沙給予瓷器提供了部分的保護，因此取出的青花瓷器表面光彩如新，倒是彩色釉較不耐海水浸泡，大多色澤發黑或轉為暗沉。

　　「迪沙如號」沉船的宜興紫砂壺都被放在大罐中，船隻沉時，淤泥淹沒了瓷貨，而使內部免受海底生物的沾黏，因此取出的紫砂壺大都完整如新。

又如泉州后渚港出水的宋船，全埋在港灣泥沙
之中，在泥沙封閉缺氧的環境下，經過千年歲月，
木頭船板仍未腐爛，該船現展示於泉州的「古
船陳列館」。

相較之下，死亡多時的海底生物黏性
差，容易剝掉，用手摸來摸去就掉落了。
而活性或剛死亡不久的海底生物黏性強，
不易剝落。若是經手很多人的觸摸，古老的
外殼殘骸自然掉落，僅存新生代的外殼殘骸。
一般在打撈出沉船瓷器後，都會先將泥沙沖洗
掉，再用淡水浸泡初步處理。若要去除海底附著
物，用草酸或檸檬酸清洗，就可去掉石灰質而煥然一新。

┃ 偽造的海撈瓷

2007 年底，因媒體大量報導「碗礁一號」與「南海一號」的打撈工作，民眾皆已熟知海
撈瓷，甚至有部分瓷器藏家專門趕往福建平潭或廣東陽江現場，希望能得到一件海撈瓷真品，
但搜尋者既眾，交易價格自是不菲。而此時海撈瓷也在市場上大量出現，但卻是贗品居多，
據浙江省收藏協會副祕書長王玉的說法，市面上至少有 95％以上是仿冒品，古董攤上的更少
有真貨。

一般偽造的方式，是利用酸洗製造海蝕痕跡，並以海底生物的附著來偽造沉船海撈的現
象。海撈瓷的仿造者先把仿製瓷器泡過酸，促成瓷器釉面啞光如海蝕，再放進海裡三、四個
月，就能附著很多新生代的海蟲與貝殼類海底生物，雖見不到老化的生物殘骸，但表面上還
是很像真正的沉船海撈瓷。海撈瓷的仿造者甚至可以帶買家到海上現場，撈取事先放養的瓷
器，以現撈的作業取信買家。

其實海底生物的品種在海洋的深淺分布是有別的，一般沉船多在 10-30 公尺深的海底，
而海撈瓷仿冒者為了作業方便與自己的領域範圍，多在 5 公尺深以內養瓷。牡蠣是最普遍的
貝殼類，也最容易附著在瓷器表面，牡蠣生長在從海平面至 10 多公尺深處的區間，牡蠣或
海蟲的品種在各地區又不同。所以嚴格鑒定附著的海蟲與貝殼品種，可以用來判斷海撈瓷的
真偽，但鑒定海底生物品種可能需要會同海洋專家的協助。

因此海撈瓷的鑒定只看附著海蟲與貝殼的有無，是非常容易受騙的，最準確的方法，還
是以瓷器本身的器型、胎土、釉色、紋飾等來判斷。真假海撈瓷的區別不是短時間就能學會

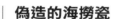

的，對瓷器專家是個新的考驗。因為海撈瓷是一個相對較新的領域，所以仿製品令人迷惑，收藏者應當更加謹慎。

外銷瓷特徵與品種

中國明清時期外銷瓷往往有中西合璧的風格，有西洋風情或《聖經》故事、歐洲圖像、歐洲風景、歐洲服飾和歐洲風格造形。甚至有歐洲貴族特別訂製，印有家族徽章的圖飾。著名的外銷瓷品種，主要可以分為克拉克瓷和廣彩瓷。

有時人們將中國古代外銷青花瓷統稱為「克拉克瓷」。克拉克瓷名稱起源於 17 世紀明朝時期，荷蘭東印度公司截獲葡萄牙克拉克式商船，船上發現大量的中國瓷器。後來這些瓷器在荷蘭米德堡和阿姆斯特丹拍賣，引起一陣轟動。不過由於產地不明，人們稱之為克拉克瓷。克拉克瓷以青花器為多，在盤、碗的口沿繪上分格及圓形開光的山水、人物、花卉及果實等。

廣彩瓷即廣州彩瓷，是利用各種顏色和金邊在白瓷器上進行勾、描、填，以產生金碧輝煌的效果。廣彩出現於明末清初的廣州，廣彩器物多為西洋風格和中國傳統題材相結合的造形與紋飾，在花邊中加入西洋巴洛克風格的花草圖騰，如玫瑰花等，另外還有風景、人物、標記、紋章等圖樣。

海撈瓷的大量出水，非但不會因量多而價廉，反而是大量密集曝光而炒熱行情——符合股市的道理：要有量，才能炒作。現今海撈瓷在歐美的價錢高於中國，而海撈瓷在中國的行情又數倍於台灣，但古董只要有價，就有贗品，尤其中國人最擅長於製造仿冒品。海撈瓷在台灣古董市場炒熱前贗品早已充斥，對海撈瓷有興趣的收藏家不可不慎。

上圖／明代海撈青花粉盒，因長年受海水浸泡釉光全失。
下圖／泉州古玩店裡的海撈明代青花茶壺
左頁圖／海撈克拉克瓷盤，於開光內繪滿圖飾。

東洋淘寶熱潮

增添幾許東洋味的台灣古董店

2011年9月，光是流落日本的中國古董文物，在日本與中國就舉行了四場專拍，不僅讓「日本線」成為古董界的熱門路段，也使得藏家競赴日本的淘寶熱達到高潮。因中國古董貨源缺乏，兩岸業者競相赴日淘寶、搜尋流落於日本的中國古董；而中國買家更以企業化集資的強大購買力、組團的龐大陣容，成為日本古董業在不景氣下的支撐，甚而影響日本拍賣界，陸續推出中國古董器物專拍。部分台灣古董業者也另闢蹊徑，批購純日本古董，使台灣的古董店增添了幾許東洋味。

近年來在古董市場上，由於中國古董與台灣民藝品貨源的匱乏，業者紛紛引進日本古董。因而當今在台灣的古董市場裡，日本古董充斥，甚至有不少專業的日本古董店，從繁華的台北到偏僻的台南左鎮，此類型的古董店皆如雨後春筍般地冒出。

台灣、中國與日本間的文物交流自古即相當頻繁，從日治時期所留下的日本文物，已經過百年歷史，可被視為古董珍品；而在日本，自平安時期即崇尚中國文物，許多藏家均以擁有珍貴的「唐物」為榮。三百多年前的明末清初，從中國駛往日本的貿易船，船上載滿外銷貨品，其中歷代書籍與古玩已佔七大類商品之一；清末民初中國政局動盪，而此時日本國力大增，更使中國文物加速大量外流日本，因此之故，日本成為海外擁有中國古董文物最豐富的國家。

台灣南部一間專賣日本文物的古董店一隅

　　當初台灣業者赴日尋找古董，只為了收購流落於日本的中國古董，後來順便引進較無東洋風格的日本古董，混充中國古董。時至今日，進口的日本古董，除鐵壺外大多屬民藝品類，少具增值的意義，純粹為個人喜好實用，已不再迴避其日本的風格特色。日本古董的引進，彌補了中國古董與台灣民藝品貨源的短缺，也提供了古董業者一條繼起的生路。

｜ 在台灣受歡迎的日本古董項目

　　日本古董的種類繁多，有些甚至超出一般人概念中的古董器物，例如古布、盔甲、刀鐔等。但能在台灣古董市場流通，並持續受歡迎的日本古董，只有少數幾樣，例如火盆、鐵壺、茶盤、筆筒及竹簾等。

上圖／東京平和島古董祭中一家專賣中國古董的文物攤　下圖／一對圖樣精美的蒔繪桐木火盆

■ 火盆

　　火盆是在寒冬燒炭取暖之爐，置放火架可置茶壺煮水、溫酒，在材質上有木製、陶瓷製及銅鐵製之別。樹幹挖空的木製火盆及陶瓷火盆，為最早引進台灣的品項，二十年前就有人進口，彼時宣稱是台灣日治時代遺留下來，以台灣民藝品身分出現，隱藏日本進口的事實，以吸引收藏家對本土懷舊的感情。雖然其中部分有可能真的是台灣日治時代遺物，但幾乎難以區別。冬日在屋內以火爐燒炭，使屋內乾燥又溫暖，的確是很有氣氛又溫馨的事，以火盆燒炭煮茶，在懷舊的收藏人士間曾蔚為雅興風潮。五、六年前，台灣的中國古董貨源短缺，而中國古董價位漸昂，部分台灣古董業者轉往日本尋貨，絡繹往來於台日間，此時製作精美的蒔繪桐火盆及京都長火盆，顯露濃厚的東洋味風格，已正大光明地擺在古董店。

　　2010 年底冬季寒流一波波來襲，很多古董店內陳售的日本火盆很快被搶購一空，連市面上熱門的龍眼木炭也頻頻缺貨，可見日本火盆在台灣甚受歡迎，近年內已漲價二、三倍。

在高雄玉仔市專售日本古董的攤位

■ 鐵壺

　　日本鐵壺一向是最熱門的日本古董，已深植台灣古董界與茶藝界人心，到了人人都想要擁有一壺的境況。鐵壺出現在台灣古董界是近年的事，約五、六年前，台灣古董業者引進，適時有茶藝雜誌的大力推崇，宣稱鐵壺能淨化水質又能釋放有益健康的二價鐵離子，立即在茶藝界廣受歡迎。此時古董與茶藝業者爭赴日本收購鐵壺，一時洛陽紙貴，竟使日本古董店裡的鐵壺高漲三倍餘。

　　二年多前我在京都的一家古董店裡，外形幹練的女店主順手拿起一只明治時期龍文堂帶浮雕的鐵壺說：「這只鐵壺賣 4 萬日幣，抱歉，現在漲得很厲害，以前只要 1 萬日幣就買得到。」這是日本鐵壺的第一波漲潮，已使日本古董店老闆大感驚嘆，因為鐵壺在日本原本無高價炒作地位。

　　台商到中國輸出台灣的茶藝文化，也同時引進日本鐵壺，鐵壺逐受中國人士的熱烈追捧，

價格快速飆漲，如同其他中國古董，行情數倍於台灣；而日本鐵壺第二波的漲潮，震央就在中國大陸，這一次鐵壺價高達四倍以上。上述的龍文堂有浮雕的鐵壺，目前在台灣至少要賣6萬元台幣，而在中國大陸開價即高達10多萬台幣。

■ 銀壺

緊接著鐵壺之後，業者再炒作銀壺，理由是鐵壺實際使用時的沉重、生鏽與保養不便，購買銀壺者也大多是鐵壺的藏家，追求收藏層次的提升。在第二波的漲潮裡銀壺價漲達十倍有餘，一支10多萬元的精緻銀壺比比皆是。

■ 茶盤

隨著茶藝的精緻化，使古董茶盤的需求大增，古董店的茶盤供應也應運而生。但一時如何冒出那麼多的古董茶盤？其實這些大多是日本進口。自古日本的茶道普遍而發達，有許多各式精美的木製茶盤，價錢不高，而且外觀中性樸素，不具有精工華麗的特質，足以假冒中

上圖
台北一間古董店內堆積
如山的簞笥

下圖
目前日本精緻的銀茶壺
已成為熱門炒作的品項

左頁圖
東京平和島古董祭展場
一隅

國古董，台灣與中國的古董業者早就赴日搜尋。對於茶盤從日本進口的事實，也有業者宣稱，是早期日本委託中國代工，在中國製造，所以也算是實質的中國古董。

■ 簞笥

　　日本的簞笥即日式櫥櫃，包括小箱盒，它的製工細膩，大多由軟木類的欅木、檜木、櫻木或桐木等製作，其五金配件精美，令人愛不釋手，又可實用，容易獲得嗜古人士的青睞，在古董店常見各式簞笥，適於各種收納之用。最常見的如茶簞笥，用於存放茶道用具；藥簞笥，用於存放草藥的醫藥箱，有多個小抽屜，很適合裝些首飾，眼鏡之類的小東西；階梯簞笥，放在樓梯斜面下，可節省空間便於收納；水屋簞笥，放在廚房用於擺放碗碟、器皿，由許多櫃子、滑門和抽屜組成；衣裳簞笥，用於存放衣物；帳場簞笥，主要給商人存放貴重品和帳簿。

■ 竹簾

　　日本竹簾製作精美，附帶精巧流蘇配飾，在日本，自古做為隔間與遮陽之用。竹簾很受台灣人喜愛，適合當禪味風格的布景。古董店的櫥窗最喜歡掛上竹簾當背景，像一幅清淡的水墨畫，前面再擺上焦點的古董器物，展現出古雅寧靜的氣氛。但是外觀太陳舊的恐易碎壞，選購上不必太講究其年分。日本竹簾體積龐大，單幫客多不喜攜帶，運送又增添運費，所以通常價格不低，每片售價達萬元以上。

　　其他受歡迎的日本古董都是實用導向，例如錦繡華美的和服衣帶，也可用來舖設桌面，各式花紋古布宜於用來做拼布飾品。除此之外，香道具、漆器、燭台油燈、玻璃杯瓶等，這些器物在台灣古董店偶可見到。

第一線古董業者

　　台灣日本古董的第一線業者，就是直接從日本進口古董的古董商，他們大多是單幫客，單槍匹馬遠赴日本找貨。當然在經營上，貨源與運作模式是他們的商業機密。早在三年前，他們為保護日本線的市場，常勸阻興致勃勃想去日本淘寶的客人，總是費盡心機地說：「日本早已沒貨了，有的話，也是貴得要命。」也因此，日本線業者都是沒有組織的單幫客，他們各自出發，在日本古董市集相遇，寒暄一下或會心一笑，繼續各憑本事尋貨。

　　事實上，日本古董的最大貨源是古董市集與古董展售會。日本自古以來古董市集發達，每月在各地都有固定時間舉辦古董市集，聚集數百攤古董業者參與，有專業與兼差者。在古董市集與古董展售會可以買足一趟日本線的貨物。日本線業者既專程跑一趟日本，當然也會順便逛逛古董店，再找找高檔貨。日本古董市場的熱門路段是東京、京都與大阪，那裡舉辦的古董市集與古董展售會的規模大，交通又便利，可輕鬆自行前往。

　　若門路精通、日語無礙者，日本線業者也會去參加日本古董小拍，這類古董小拍是地方性古董社團的交流會，參與者都是社團會員，大多要繳交入場費。我的業者朋友為深入這種交流會小拍，還甚至掏錢支付引介費，央求日本業者帶他前往。

　　在筆者與台灣古董業者的接觸過程中，也曾聽到一位在台中彰南路經營日本古董的業者感嘆說：「長期跑日本線的人，最後身體都被搞壞了，因為鐵壺與箪笥很沉重，害他們為此筋骨受傷，因為尋貨的緊張壓力大，也常讓他們心肝受損。」其實到外地淘寶要有門路，也要勤奮多跑。但勤跑日本實在很辛苦，因此有人派太太常駐日本，地氈式地搜尋每個跳蚤市場；也有人委託旅居日親人當代理人，幫助業者找貨寄貨，透過代理人就不必親自奔波攜貨了。這是台灣人經營日本線多年後發展出來較企業化的經營模式，代理模式可以節省不少時間、體力與旅費，只是這位古董代理人要有財務的可靠度與古董的足夠眼力。

台北一間古董店中的鐵壺與茶道布置　　　　中國西安的海外回流文物展售會

中國崛起的影響力

　　近年日本經濟不景氣，台灣與中國的買家成為日本古董的購買主力，9 月份至少有四家日本古董拍賣會舉行，都是中國古董的專拍，例如 9 月 1 日在東京的日本美協拍賣會、9 月 3 日在東京的 ISE 藝術公司拍賣會、9 月 9 日在名古屋的中日拍賣會及 9 月 15 日在北京舉行的匡時日本私人美術館藏中國古代書畫專場。東京拍賣公司因此表示：「現在支撐日本古董業的是中國買家。」

　　台灣的日本古董市場大受中國影響的區塊，最主要還是鐵壺。近年來中國飲茶文化的提升，飲茶不再只是著重茶葉的香味與口感，而進一步講究茶道具的精美。四、五年前，台商將日本鐵壺引進中國就創造了驚人的業績，據上海中福古玩城的台商業者形容隔壁店的經營者：「每回客人到他店搶購鐵壺必須排隊，經常看他店裡出貨乾淨，留下一堆空紙箱。」

　　同時，台北潮州街的一家專賣日本貨的古董店，鐵壺源源不斷輸入，也立即被大陸業者前來買走，傳言那一年業者光賣大陸客鐵壺，營業額就高達 800 萬元。

　　中國古董市場原本有相當的排日情結，對於鐵壺，也要精挑沒有東洋味者，最好是有漢字詩文或中國山水人物，乍看之下以為是中國產品。但中國味的鐵壺少，而需求者眾，若再挑剔就要斷貨了；沒多久的時間，中國人轉而不再排斥，東洋味的鐵壺已在中國通行無阻。北京、上海及廈門的古玩城內隨處可見日本鐵壺，尤其是台商開設的古董店，甚至有鐵壺專賣店。

彼時中國的鐵壺貨源，全透過台商之手；然而台灣人掌控日本鐵壺的局勢，不出二年光景。因為鐵壺在中國既受歡迎，中國古董業者看到商機便開始直接到日本找貨，而且來勢洶洶，中國古董業者赴日本淘寶大多組團，是有組織的行動，由熟門識路者安排導覽，一團最多二十人，正好包一輛大型遊覽車，而尚留寬敞空間以便安置貨品。他們的日本淘寶之旅，趕赴東京、大阪、京都、奈良等古董重鎮，參觀古董展售會及古董店，甚至安排幾場地方性小型拍賣會，幾天下來大家都滿載而歸。淘寶團來自中國各省份，在大型的古董展售會場，常可看到浙江團、上海團、山西團、廈門團或北京團等淘寶兵團，蔚為奇觀。據說他們大批掃貨，不待議價而立即成交。而台灣業者大多小本經營，看中一樣東西總是來回反覆，再三考慮，態度保守而謹慎。就在台灣業者考慮之際，若逢大陸客跟進，常立即被其搶先買下。所以台灣業者的心得是：「在古董展售會一定要走在大陸客前面，假如走在他們後面，鐵定買不到好貨。」

日前筆者路過台南一家茶藝品店，內有三、四十只日本鐵壺，店主竟然說：「這些鐵壺都不賣，全部要送去我們在福州的分店。在台南這裡的本店現在變成以收貨為主。」由此可見，台灣這幾年來進口收藏的鐵壺，最後可能會大舉流向中國大陸。

中國市場實在太龐大了，日本鐵壺的價格因此節節高升；它就像股票市場一般，愈是漲價，買家愈是追高，價格的變動甚至一日三市。但也有業者對此現象無法接受，淡水的某位古董業者面對店裡的鐵壺日漸減少，以至於一壺不剩，他無奈地表示，現在鐵壺已貴到進不

了貨。天母山堂夜坐的負責人也是勤跑日本線的業者，店內竟然也沒有鐵壺。我不禁問道：「你經常跑日本，怎麼沒進半只鐵壺？」

「日本鐵壺現在貴得離譜，不跟他們玩了！」日本鐵壺變成高成本貨品，這兩位業者紛紛都退出了鐵壺市場。

由於日本鐵壺的漲幅太高，面臨了三叉路口。有人認為鐵壺已面臨泡沫化，終會崩盤；也有人認為，這正反映了實質面與市場面，現在價錢只是平反行情而已。在實質價值上，一只名家的鐵壺有藝術性與年代意義，完全符合古董的價值評估標準，應該有它應有的行情，現在日本鐵壺

上圖／東京大江戶古董市集中專賣茶道具的攤位
左頁圖／一只橘皮素面鐵茶壺

的價錢與其他古董相比,實不為過。在市場面上,因為中國市場太大,全日本的鐵壺都丟進中國大陸,也頃刻化為無形,在供需效應下價格自然高漲。

日本古董也有仿冒品

基本上,台灣進口的日本古董大多屬民藝品之流,價錢不高,沒有仿冒品的問題,古董藝品只要價錢高,就有仿冒產生,所以高價的鐵壺、銀壺就有贗品問題,例如京都系的龜文堂或龍文堂鐵壺價錢就很高,其中又以龜文堂為最。京都龜文堂以脫蠟法鑄造,手工細緻精美,提把鑲金錯銀,自古即為貴族名門的高級訂製品而價昂;早期在供不應求下,大阪即有仿製品,被稱「大阪龜」,這是舊仿品,但仍有其一定價位。名家鐵壺、銀壺近期已受擅長仿冒的中國人染指,這種新仿品可稱「大陸龜」,那就沒什麼價值了。

老鐵壺與老銀壺的價錢相距甚大,關鍵在於名家堂號、鑄工、年代及完整性等,對於鐵壺這個古董界新標的之價格操作,猶如股市運作的手法。收藏家年前尋覓高聳的立體浮雕,生動的山水、松竹梅紋飾,近來追求鑲金錯銀,而材質珍貴的銀壺更被追捧。銀壺除了名家身分外,另有純銀與合金銀之別,差異甚大;而其他鐵壺,如南部鐵器等,則多為平價品,為一般大眾使用,較無仿冒疑慮。

Art Deco 在中國

上海家具的鎏金歲月

隨著經濟的繁榮及古董收藏的滾滾熱潮，上海古董家具也大受青睞，尤其上海地區的收藏家出於本土意識，更是情有獨鍾。如今海派老家具價錢扶搖直上，甚至比中國傳統古董家具還高。在古董店裡，老闆總推崇上海家具是融合中西風格的藝術，而一般報導也如是說。但據作者多年來對古董家具的考察心得，深以為上海家具就是西洋 Art Deco 家具。在時間上，上海家具的風行正好與西洋 Art Deco 流行並駕齊驅，耐人尋味的是，上海家具幾乎全盤承襲西洋設計潮流，而少見摻入中國傳統的元素。

上海古董家具的定義

上海海派家具做為一個獨立流派的古董項目，是近年的事，有需要先確認其身分。上海海派家具俗稱「上海家具」或「海派家具」，特指在 1920-1940 年間在上海流行的裝飾藝術風格（Art Deco）家具，本文以「上海家具」稱之。它不涵蓋上海產銷的蘇作中式老家具，也不包含曾在上海使用過的西洋古典家具，所以並非那個年代曾在上海產銷的家具都能稱之為上海家具。

上圖／建於1930年代前後的上海灘「萬國建築群」，也是海上鎏金歲月的象徵性地標。

下圖／金梅生所繪製的美女月分牌人物柔和細膩，充滿30、40年代老上海的風情。（圖版提供／上方上海傢具）

市場上一般所謂的上海家具是隱約又曖昧的。它的型態簡約，既非中式的傳統家具，也不是典型的西洋古典家具，大家總是用籠統的概念來形容，例如：「上海家具是中西合璧式家具」、「華洋雜處的生活空間和生活形態所帶來的東西文化的交融」、「具有中國民族特色的流線型家具，並有中西文化相結合的特點」、「由中國木匠仿照西洋款式造出的新式家具」、「上海紅木家具是傳統明式家具與西洋古典家具相結合的產物」。

上述形象曖昧的上海家具經過深入剖析，可發現事實上就是西洋 Art Deco 風格的家具。其設計元素幾無中國藝術成分，罕有中西合璧，是純由西洋移植的藝術，未顯示中西文化風格融合的現象。但在裝潢擺設上則多是華洋混搭，於是產生獨特迷人的老上海風情。

當然中國人也不是不能創造出中西合璧式家具，同時期的廣州，也是大量接觸西洋文化，遂產生了一種廣式家具。其造型融合中西文化，含有甚多中國傳統與西洋的雕飾，大多是以紅木所製，然其價錢始終低廉，遠不如中國傳統家具與上海家具的行情。

上海家具被遺忘的歷史

雖然「上海學」儼然已為一門顯學，但對於上海家具的探討尚未有較深入的研究，資料的貧乏，導致坊間對上海家具的本質始終存在著上述似是而非的論調。中

上圖／壁爐是創造歐風的西洋產物，這座壁爐具有流行於英國的木質外框，為屋內的視覺焦點，是老上海風情的必備單品。
左頁上圖／30年代的上海月分牌中顯示上海人理想的生活典型，家中有西洋多屜櫃、沙發、小凳、西畫及地氈等洋派家具。
左頁下圖／撫台洋樓所展示的上海風格家居場景，沙發椅框雖非典型的Art Deco，但古典裝飾線條已做簡化，牆面是當年時興
　　　　　亮眼的磚紅與蒂芬妮綠。

左圖
上海玻璃檯燈,老上海
工藝品中甚多玻璃製
品,燈飾為上海式布置
不可或缺之品項。

右圖
上海紅木床頭小櫃,左
上角一隅刻有一束簡約
的玫瑰,故意不落對
稱,這即是Art Deco的特
徵。(圖版提供／上方
上海傢具)

國對於 Art Deco 的陌生,始自文化大革命以來至改革開放前,中國長期對西方資本主義的排斥所構成的禁忌。不少人對西洋文化的認識隔閡,遂把上海家具視為中國創新發展的藝術風格。

　　上海家具純粹就是 Art Deco 風格家具,由於這段藝術史的發展期間約在 1920-1940 之間,時間不長,在歐美 Art Deco 家具的產量亦少,大家見得不多,因此少見多怪。若能多涉獵中西藝術,比較中西家具型態上的異同,自然會發現上海家具就是 20 至 40 年代間歐美流行的設計風格。

｜上海租界的 Art Deco 風潮

　　19 世紀 40 年代,上海是中國最早的對外通商口岸之一,由於外國租界區的設立,打開了面對世界的窗口。大量的洋人和內陸移民湧入上海營生,短時間內城市規模迅速擴張,經濟奇蹟式地成長。受到外來文化風行的影響,社會對西洋文化擁有包容,甚至競相崇拜的態度。當時受西方文化薰陶最深的買辦與企業家開始模仿西洋的建築與家具,布置洋化的居家環境。

　　上海是吸納西方設計風格最快的中國城市,20 世紀 20 年代巴黎流行的新款時裝,只

上海柚木圍屏，木框為花卉紋淺浮雕，上半部鑲酒紅色花紋玻璃，多扇連接，可以折疊與圍繞，玻璃產品為當時上海人所喜愛。
（圖版提供／上方上海傢具）

需三個月，就會在上海街頭出現了，可說是緊跟著西方藝術發展的腳步。當時歐美正流行的藝術潮流是 Art Deco，也一樣很快就傳入了上海。上海幾乎和紐約同步出現了大量的 Art Deco 風格建築。Art Deco 傳入上海時間之早、流行之迅速，著實令人驚訝。對於上海大多數的新興資產階級來說，西方當道的 Art Deco 散發著現代感與前衛性，很符合當時上海人摩登求新的嚮往，成為上海時尚流行風格。所以 Art Deco 竟然也是曾在中國流行過的國際設計風格，只可惜長期以來被視而不見，終至乏人認知。

在時間上，上海家具的風行正好緊跟著西洋 Art Deco 的風行，明顯地，這是西洋 Art Deco 在上海的開花結果。奇怪的是，上海家具幾乎全盤承襲西洋設計風潮，而罕見摻入中國傳統藝術的元素。因為崇尚西方時尚，當時上海新派人物最心儀的不再是那些拘謹老派的中國家具，而是西洋風味的家具。像作家張愛玲即是喜歡西式生活，她住電梯公寓，愛看電影、喝咖啡、品嘗冰淇淋與奶油蛋糕，她也心儀老上海時代的西洋家具。

更有趣的是，往後上海幾乎成了世界上 Art Deco 風格建築物最多的城市，也幾乎是 Art Deco 家具存量最多的地方之一。其原因有三：一是流行的時間特長。在日軍入侵中國後，上海的租界身分成為安全孤島，很多江浙鄉紳富豪到上海租界避難，身攜黃金鉅款，大量錢潮的匯集使上海在戰時酒店與舞廳的數量都超過戰前，創造了老上海經濟的巔峰。於是 Art Deco 風格可以在 1937 年抗戰之後的上海持續發酵，較之巴黎、紐約等大城市流行時間更為長久。其二是戰爭使上海與世隔絕，來自歐美的最新流行訊息中斷，因而繼續處在 Art Deco 風潮中。原因之三是，當世界其他城市往後因經濟發展而更新現代化，Art Deco 建築物紛紛被拆除改建，而上海因長期經濟的停滯，卻意外使得 Art Deco 建築大量地保存下來。據名攝影師爾冬強的調查統計，上海目前還有一千棟 Art Deco 風格建築物的存在。此外，上海 20、30 年代最有影響力的生活雜誌之一《良友畫報》經常刊登西方摩登設計的文圖，1930 年 10 月分刊就曾以最新式住宅陳設為題，介紹了西方的摩登家具。

上海家具的特徵

Art Deco 來自新藝術（Art Nouveau）的蛻變，但不是突然地改變，有些還殘存有古典或新藝術過渡的影子。Art Deco 提倡功用，主張簡單的幾何設計，趨於直線又不拘於直線的藝術表現，講究幾何線條的搭配。Art Deco 風格的家具紋飾簡潔，兼顧了人體工學，體積小而功能全，讓家具更貼合實際的需要。

上海家具一改過去古典主義的華麗，不再做繁複的雕刻紋飾，大多是素面表現，以曲面及起線來裝飾而已。即使有雕飾也是簡單的幾何淺浮雕。在古典主義時代，櫥櫃的上面可能雕上一整排的立體玫瑰。而 Art Deco 藝術的風格，可能只在櫥櫃一隅刻有一束玫瑰，故意不落對稱，這即是特徵之一。

通常中式太師椅或書畫桌都甚高大，椅背直挺，宜於正襟危坐，雖有氣派但坐久了並不舒適。而上海家具的書桌高度較中式桌為低，甚符合人體工學。其沙發椅低矮，雖不顯尊貴但坐來自在輕鬆。西洋文化講求適用功能，Art Deco 桌椅的四隻腳，都是圓柱式或方直桿型，僅點綴一、二個凸球或環型線條，古典裝飾線腳已被簡化處理。上海家具中的沙發椅背尚保留了簡潔的細木框，若在西洋古典的沙發椅背，則是雕飾複雜華麗的厚木框，展現深浮雕與透雕的工藝。

上海家具種類甚多，其中的西式床、大衣櫥、五斗櫥、壁爐和梳妝台等，是中國傳統家具所無者，其樣式也都來自於西方，並非由中國木匠仿照西洋款式造出的創新家具。其用料與中國傳統家具用料略有不同，上海家具的木料，大多為白木，如柚木、桃花心木、橡木、

右頁左上圖／上海紅木 Art Deco 小茶几，圓柱式細腳，沒有多餘的線腳，古典高雅。
右頁右上圖／一張柚木上海式椅子，古典裝飾線腳予以簡化處理，四隻腳都是圓柱式，點綴凸球或環型線修。
右頁下圖／上海式的柚木書桌，圓柱式細腳，簡略的雙雕花板，秀氣的銅配件為之增色不少。

楠木、柳桉等材質，也是西洋人所慣用於家具之木料。而中國傳統家具慣用的木料是紅木（酸枝）、榆木、柏木或欅木等，上海人最情有獨鍾的是紅木，紅木料的上海家具算是等級最好的了。至於中國最高級的木料紫檀木及黃花梨，因稀少又價昂，很少用於上海家具。

歐洲的 Art Deco 家具創造了其他材質運用的可能性，例如鋼管、鐵皮與玻璃等，上海當時也有生產，但罕見留存。上海在這個時期，也出現了 Art Deco 風格的彩繪玻璃、玻璃製的飾品、燈具、屏風及金工等純粹西式又現代化的飾品，彩色或彩繪的玻璃門被大量地使用。上海的生活工藝快速西化不足為奇，當時，天主教會的洋人在徐家匯創辦了土山灣工藝品廠，由洋人設計指導，生產西方款式的工藝產品，大量供應市場所需。

上海家具的經典色澤是咖啡褐與酒紅色，深沉的咖啡褐正如上海人所喜愛的濃咖啡，既厚重又有質感。酒紅色具有大方與高雅的品味，顯示了上海人對生活的熱情，他們還勇於把牆面漆上磚紅色，展現不俗的品味。

另一個上海家具屬於西洋 Art Deco 的證明，來自於同時代的日本家具。1920-1940 年代的台灣處於日本統治的時代，極力追求洋化的日本也快速引進 Art Deco 潮流。所以在台灣日治時期也有不少 Art Deco 風格的家具，其木料大多為檜木或樟木。台灣這些 Art Deco 家具至今仍留存於大戶人家老宅或收藏界，台灣的古董民藝界稱之為日本家具或上海式家具，而不說 Art Deco。這類日治時代的家具之面貌特徵與上海家具極為相似，其風格都源自於歐美，都是西洋 Art Deco 風格的血統。只有從木料鑑定，否則很難判斷來自上海、日本或台灣本地。

上海家具業的發展源流

上海是個家具業發達的地方，自古即形成了蘇作家具產創的腹地，繼又發展出上海家具。明代中葉（16 世紀初），上海長三角洲經濟發達，滬蘇杭等地文風鼎盛，富商在此相繼興建園林與官邸，於是做為室內擺設的家具被大量需求。家具製造的工藝遂臻成熟，選材用料也相當講究。清乾隆年間（18 世紀中期），上海已出現家具店聚集的街坊。至光緒年間（19 世紀中後期），開始有廣東木器商人所經營的紅木家具店出現。

道光年間（1841）鴉片戰爭戰敗，與英國簽訂南京條約，開放上海為通商口岸，英、美、法紛紛在上海劃定租借區，大批洋人湧入，西式建築如雨後春筍般接連建造，西洋家具也由輪船大批運進來。早期進入上海的西洋家具是在歐美製造的古典型式，有巴洛克、洛可可、古典主義等藝術風格，其中又可分為英式、法式、義式與西班牙式等各國款式。這類西洋家具一般是華麗、體大及刻工精美。當時能擁有這種西洋進口家具的是外國領事、西洋工商、教會人員及從事洋務的中國買辦。

第一家在上海的西洋古典家具店，是 1871 年開設的泰昌木器公司，專售進口的西洋古典家具。第一家在華生產西洋家具的是 1886 年英商福利公司，他們除了進口西洋家具外，另在上海設廠，由西洋技師指導製作西洋家具。進入 20 年代，上海開埠多年，民智大開，西洋家具廣受歡迎，市面上也相繼開設了眾多的西式古典家具店，上海灘的四大百貨公司先施、永安、新新和大新百貨公司，內都設有家具部門，可見得當時西式家具是很熱門的商品。

20 年代後半開始，隨著 Art Deco 藝術風格在歐美的流行並迅速向世界各國傳播，受西方文化薰陶最深、喜歡領先風氣之先的上海人，也自然很快地接受時興的 Art Deco 家具。上海自行生產 Art Deco 家具甚早，曾留學法國的企業家鍾晃，對歐洲風行的 Art Deco 藝術甚有見識。1932 年他首先引進 Art Deco 家具的設計與製造，在淮海路開設了藝林家具店。當時即以膠合板製造家具，以金屬管當扶手及椅腳，家具線條多採直線，面板光潔而少雕工，Art Deco 家具的現代感果然令人耳目一新。

此時張愛玲已搬進有電梯的愛林登公寓（常德公寓）。胡蘭成在《今生今世》書中，記

左圖／上海Art Deco紅木椅子，為從古典到現代簡約風格的過渡趨勢。（圖版提供／上方上海傢具）
右圖／台灣日治時代Art Deco風格小圓桌，亦稱上海式，檜木製作，線軸式桌腳。

載張愛玲常德公寓景象時曾描述：「她房裡竟是華貴到使我不安，那陳設與家具原簡單，亦不見得很值錢，但竟是無價的，一種現代的新鮮明亮幾乎是帶刺激性。陽台外是全上海在天際雲影日色裡，底下電車噹噹的來去。」胡蘭成首次登堂入室進入張愛玲的房間是在1943年，當時房間內的 Art Deco 風格家具，胡蘭成感覺是外型簡約，充滿新鮮明亮的現代感。但由簡潔的做工來看，他推測其價錢應該不貴。

上海人的紅木家具情結

上海人有濃厚的紅木家具情結，紅木在南方稱為酸枝，暗棕紅色深沉的色調，外觀端重，質地堅實，經久耐用。從前大戶人家在廳堂總有成套紅木家具擺設，是房內布置的焦點。在上海人的觀念裡，紅木家具是可以傳家的財產，成為大戶人家氣派的象徵，這種價值取向深深影響著上海人的生活觀。

富裕家庭辦婚禮，一整套紅木家具有十六至三十六件之多。抗戰前上海紅木作坊集中在虹口區一帶，虹廟五福弄則是上海灘木器店集中之地，南市紫來街亦有多達十四家的家具店，很多店門口招牌掛著「專營紅木嫁妝結婚全套」、「承辦結婚成套紅木家具」、「精製新式紅木家具」等字樣。可見得上海的家具行業發達，紅木家具是指標產品。上海人對紅木有舊時代的崇尚情結，又對西洋家具有崇洋的心理，於是以紅木製造的上海家具就成為最高等級的家庭物件。以中國傳統木料製造西洋家具也算是中西文化意識的交融，但算不得有獨特的創意。

倒是同一時代開埠的廣州，創造出的廣式家具，結合清代家具與西洋家具的特點，很多亦中亦西的設計具有集中西文化於一體的革新。例如中式貴妃椅的雕飾採西洋的貝殼紋與捲草紋，桌椅之腳呈路易十五式的 S 型，以木料製造無軟墊外型的西式沙發椅，將大廳堂的整套中式四几八椅改成低腳的紅木西式沙發椅。廣式家具大多為厚實紅木料製造，然而廣式家具雖中西合璧，價錢卻始終低廉，不為收藏家所青睞。

上海家具的價值

上海家具的價值在於近年來「上海學」的興起與感情，充滿上海繁華風情的無限幻想。過去在古董家具收藏界，對民國時期的紅木家具，因年代不長，價錢並不高。後來隨著古董收藏熱、上海經濟能力的增強，以及紅木家具的情結，使上海家具價錢一路飆升。比方說，在台北的古董店，一張上海紅木小姐椅價高 4 萬元台幣，一座上海紅木小圓桌開價 5 萬元。在淡水，上海紅木小茶几價 2 萬餘元，皆比中式傳統同類型家具貴。老闆強調因為它是上海式的，海派家具較貴，若在上海當地則價錢更高。

上圖
台灣日治時代檜木多屜櫃，圓弧邊角，曲型腳，典型的Art Deco風格家具。

下圖
上海新天地「屋里廂」展館的二椅一几，線條簡練，椅背保留細木框，整體是沉穩的棕褐色，為典型30年代風尚。

　　至於人們向來所強調的中西文化合璧的光輝，並非上海家具的價值所在。即使現在發現其內不含中國文化元素，亦無損於上海家具的價值。正如廣式家具充滿了中西文化內涵，又多是紅木料製造，但卻不為人所珍藏。古董器物具有很強的主觀性，只要能被人認同與高價收藏，就成為它的市場行情。

　　反倒是上海家具所具有的 Art Deco 風格的身分，具有國際性的行情。因為 Art Deco 是國際性的藝術流派，上海家具可謂 Art Deco 在中國的表現。目前在歐美，精品的 Art Deco 老家具甚為昂貴，有專業收藏的博物館及收藏家。他們若發現上海仍存有大量 Art Deco 的家具，一定會大為驚豔。

　　Art Deco 在上海不僅是單純的藝術風格，而是一種生活風格。這種生活氣息從 20 到 40 年代，前後不到二十年，卻是上海的黃金年代。當時上海租界的摩登時尚，和國際城市巴黎和紐約是同步的。

　　雖然新古典藝術在上海有八十年以上的歷程，而 Art Deco 藝術在上海僅二十年的歷史，但

上海家具店一角，令人彷彿置身於30年代舊日時空。（圖版提供／上方上海傢具）

上海 Art Deco 家具的魅力遠超過西洋古典家具。Art Deco 藝術如此受追崇的原因，依建築教授王受之的觀察，新古典藝術建築僅僅外國殖民主義者能夠享受，與民眾有感情距離；而 Art Deco 建築進入了上海市民的生活，是上海中產階級市民可以直接參與的生活，因而存在於大眾的記憶中，深植人心。

　　至今，懷舊氣氛十足的百樂門舞廳夜幕低垂時仍歌聲舞影，和平飯店的老年爵士樂華燈後仍高亢響起。上海家具在居家裝潢上，所營造的即是昔日的十里洋場，古今交錯的環境，一個華洋融合的城市。上海家具持續散發著它獨特的風韻。上海家具的追求，不只是古董的收藏與品味，更是一種對逝去美好時光的懷念。上海家具可收藏保值亦能實際使用，不論價值如何，透過建築與家具的保存和收藏，留住了上海鎏金歲月的風華。此外，上海家具宜中宜西，容易與其他家具搭配，所以市面上接受度高，很受講究品味的雅痞族喜愛。若要欣賞道地的老上海風情的擺設，建議前往上海新天地的「屋里廂」生活展示館或由西式老屋改裝的餐廳與咖啡廳參觀，感受上海租借時期典型的家居風格。在台北的古董店亦不難找到老上海家具，甚至有專賣上海家具的古董店，展示有相當多量的老上海家具與飾品。

歐風的古典與優雅

悄然興起的台灣西洋古董市場

看著這些雕刻精美、曲線優雅的西洋老家具、飾品及燈具，令人腦海浮現巴洛克時代的情景，彷彿置身於燈火通明華麗的宮廷舞會。西洋古董提供了一個無法企及的夢幻想像，因此輕易擄獲了各年齡層男女的心。當台灣出現平價的西洋古董大賣場時，便吸引了無數的愛好者趨之若鶩。

　　數十年來，台灣的古董市場經歷了民藝品與中國古董收藏的熱潮，當時北部淡水曾經滿街林立的古董店，中部的彰南路沿線也開出百家古董店，多少的業者投入這個行業，前仆後繼地赴大陸尋貨，每個月皆有數個貨櫃進來。但隨著經濟環境起伏，一波波的古董熱興起又衰退，淡水的古董店也盛極而衰，終至少數店家碩果僅存。然而西洋古董在這波古董景氣循環中卻未沾到邊，始終未受到藏家的特別關愛，曾出現過的西洋古董店此起彼落，開了又關，業者皆謂開店的動機只憑一股興趣，又感嘆這行持久不易。

　　在鄰近的日本，受明治時期西化的影響，西洋古董長久以來則有相當的市場，有不少家西洋古董屋，並有西洋古董雜誌與書籍的推波助瀾，可知西洋古董在日本是有甚多粉絲，尤其是女性。而西洋古董在台灣卻未能蓬勃發展，究其原因在於收藏文化不深、價錢高昂，以及古董店不多導致選購不易。以前西洋古董店大多位於豪華地段，如天母地區及仁愛路等，其客人即附近豪宅的富人與貴婦，用於豪宅室內裝飾，店家一個月只要有三、四位顧客交易即可存活，業者態度普遍高傲，對不似買貨的普通客人不甚理睬，讓一般民眾望而卻步。這樣的店對一般西洋古董有興趣的入門者，會有很深的隔閡。

古典雅緻的西洋古董在台灣廣受各年齡收藏者的喜愛

　　當然，台灣過去西洋古董的價錢如此之高，一方面也是來自於成本高昂的因素所致。因為進貨量少、運輸費高、旅費貴、甚至店租也貴，這些因素都是經營型態所致。正如早期中國古董在台灣也是相當昂貴，後來由於投入的業者漸多，以貨櫃大量進口後，價錢才大幅壓低。

　　西洋古董市場沈寂如此之久，直到最近才有所進展，循的也是中國古董市場發展之路線，現在李老闆的 Aphrodite 歐洲跳蚤市集及陳家兄弟的卡卡頌歐洲跳蚤市場，在歐洲以批發價大量採購進貨，以貨櫃轉運來台並且設立大賣場，因而大幅降低成本。業者又以合理的加成價錢出售，古董就如一般二手貨物平易近人，如此一來，甚至發現很多西洋古董比精品店的新貨還便宜，原來西洋文物在台灣也有相當的愛好者。

｜ Aphrodite 歐洲跳蚤市場

　　「Aphrodite 歐洲跳蚤市場」是在台北內湖的民權大橋下，2007 年元月才設立的大型跳蚤市場，其全盛時期有三家不同檔次的分店。Aphrodite 店內的老東西都是從歐洲直接

上圖／高檔的西洋古董店多位於地價昂貴地段，就近吸引顧客群。
下圖／義大利古董家具鑲嵌華麗，較難搭配台灣人的家居裝潢，目前已少進口。

進口的，走的是平價路線，如今一般百
姓也可以買得到歐洲古董了。尤其是店
裡有許多歐洲老家具，出國旅行途中即
使遇到中意的物件，也很難順利搬運回
來，即使不辭辛苦委託貨運，其運費也
過於驚人而不划算。歐洲人嗜古，東西
只要有年代都可以被視之為古董。從
Aphrodite 正好可看到不少歐洲人早期
的日常生活用品，也就是歐洲民藝品，
有時在此地也常看到洋人客戶，大概是
在台灣的歐洲僑民，來感受一下家鄉熟
悉的跳蚤市場風情，或選購一些家鄉古
董藝品，撫慰思鄉之情。

店內的物件除了價錢，還標示了年代與產地，價位從便宜的數百元瓷器杯盤、水晶玻璃杯、數千元的擺飾乃至萬元的古銅吊燈，直到近十萬元的橡木雕花櫃櫥都有。這裡每個月都有新貨上架，流通快，讓常來的顧客保有挖寶的新鮮感。

該店業者是年輕的李老闆，嗜愛逛街採購，尤其是來自歐洲的老東西。他為一圓創業的雄心大志，因緣際會下設立了 Aphrodite 歐洲跳蚤市場。李老闆體會到經營一家歐洲古董跳蚤市場的困難，他在歷經摸索與波折之後，不吝透露跳蚤市場經營的內幕。

剛入行時，李老闆對貨源與客戶喜好都不熟。為了親自到歐洲採買，他從書上找尋情報資料，先到藝術氣息濃厚的法國和英國，在市區的跳蚤市場邊看邊逛邊學起。後來為了降低採購成本，他轉往都會近郊各式跳蚤市場，進行地毯式的搜尋。還曾為了買下全店或整個攤子上的物品被誤認為海外詐騙集團，直到當場簽下 300 萬元的旅行支票保證支付款項，才取得商家的信任。

李老闆以這種採購模式，逐漸深入荷蘭、比利時的跳蚤市場，甚至遠赴英、義。現在他已建立了供應商管道，固定每一個半月至兩個月就會出國採購，一批批親自挑選，一趟買足兩個貨櫃的量運回國。他以專業的口吻表示，義大利古董家具鑲嵌華麗，很難搭配台灣人現有的家居裝潢，因此後來他已少進口。

據他說：「台灣人對『跳蚤市場』的接受度仍不及歐美，有 1/3 的客人逛進店裡不到三分鐘就會離去，錯認為他賣的是二手或仿古家具。但是會下手購買的顧客，通常品味與美學眼光都不錯，不在意瑕疵，能接受具有歲月陳跡的滄桑美感。」

上圖
西洋古董店內的物件價位從數百元杯盤至十多萬元的橡木雕花櫃櫥都有。

右頁左下圖
目前台灣有西洋古董業者在歐洲大量進貨，以貨櫃轉運來台以降低成本。

右頁右下圖
浪漫風格的西洋古董小件甚受年輕女性喜好

北投一家大型西洋古董商場，店內的貨品多為大型家具與燈飾。

　　他分析客源的結構說：「批發商占六成，散客占四成。散客中又以設計師與藝術家占多數，除了居家布置外，很多用於咖啡廳、餐廳與民宿的陳設，營造西式古典浪漫的風情。」在逐漸拓展了知名度後，連香港和中國大陸的批發商也紛紛來找他採買。

　　他還發現一個有趣的現象，北部人大多買小物件，而中南部客戶購買大件家飾的比例較高，這跟北部房價高、房子小有關。李老闆說，跳蚤市場的老東西也有 M 型化現象。以櫥櫃為例，最便宜的 1 至 2 萬元和最貴約 8 至 9 萬元，兩種等級最好賣，反而是 6 至 7 萬元中價位長期有停滯現象，於是他開始調整商品結構，以因應這個趨勢。

｜卡卡頌歐洲跳蚤市場

　　2007 年中旬開幕的「卡卡頌歐洲跳蚤市場」，店主是年輕的陳家兄弟，原本從事室內設計，對於西洋古董藝品有所愛好與接觸，再加上有個從事二手家具的英國親戚，在此背景與因緣下，也正逢台灣尚有歐洲古董器物的市場空間，遂在北投設立了一個多達四百坪的歐洲古董大賣場。

　　店主對每件貨品皆親自挑選，仔細過濾瑕疵品，平日供應商即不斷從國外傳來照片供其

這些精美的古董家具上雕刻著人面或獸頭及卷草與貝殼圖飾

挑選，兄弟每季固定出國一次赴歐接洽，平均每個月即有一個貨櫃的進口。現在貨源遍及東、西歐各國，除了南法、義大利之外，這是因為路途遙遠，運輸成本所致。

店內經營的貨品，主要在大型家具與燈飾，各色不同款式的椅子就有五百張之多。對於小件器物則盡量避免進貨。據店主說：「現今時代不同了，出國旅遊相當普遍，小件器物旅客容易採購攜帶。而大型家具就不可能選購，即使在國外買了，為單件物品支付昂貴的運費也不值得。」

只見店內四處聳立的橡木立櫃，座座雕刻著人面或獸頭，以及卷草與貝殼圖雕的柱子。椅子也多帶有美麗繁複的緹花圖案，其布面繡著千姿百態的玫瑰。甚至有張沙發椅還是著名中世紀「婦人與獨角獸」的圖飾，這些美麗的家具猶如從沒落的貴族城堡中流落出來的家私一般。

店內四處聳立的橡木立櫃，平日供應商即不斷從國外傳來照片供店主挑選。

「目前我們經營方向是趨向高檔化，因為特色不足的東西，雖然便宜，但很難賣得出去」，店主嘆說，「在歐洲的西洋古董愈來愈貴，也愈來愈少。老闆常說，今天不買，明年再去就買不到了。因為中國大陸古董業者搶得凶，常一次就把全店精品搬得精光。」

　卡卡頌的客源半數來自全台開設西洋古董店的同業，此外半數是設計師與西洋古董愛好者。常有西洋古董發燒友一接到新貨到的電話，當天即從高雄等地趕往看貨。

　老闆也發現台灣人對於家具的選購，南北部的客人明顯有別，北部人多選購半套沙發。而南部人多買全套沙發，曾有一位南部客人大手筆買了三套沙發，分置三個樓層。沙發的選購重在框架，框架必須完整堅固，而沙發的布面和皮面是可以抽換的，不必太介意。有的客人喜歡老沙發布面舊時代典雅風格的紋飾，而有人卻獨愛新布面的花色和乾淨。

　中西洋古董在一般民眾的喜好感覺上確有不同的傾向：中國古董的特性是穩重、嚴謹又內斂，喜愛中國古董者大多為年長的男性。而西洋古董則是浪漫與華麗，喜愛西洋古董者大多為各年齡層的朋友，尤其是年輕女性。在物件價值上，基於民族感情，中國古董在台灣具有相當的市場價格，這也是供需的關係，因為其歷史上早已獲得多數人的認知與肯定，所以享有高價的優勢。

　西洋古董也有各種不同檔次之分，中下檔的物件也是高貴不貴，一般民眾都可以擁有賞玩的，西洋器物的定位並非高貴稀有或宮庭之物才是古董，正如瓷器也非官窯才是古董，民窯與民藝品也都具有相當的擁護者與價值認可。

上圖
椅背多帶有美麗繁複的緹花草圖案

下圖
古董沙發的選購重在框架，而沙發的布面和皮面是可以抽換的。

右頁上圖
台灣西洋古董跳蚤市場趨向高檔化，因品質與特色不足的東西較難賣。

右頁下圖
如今尋寶跳蚤屋已成為日本舊貨批發店，全店大多是日本貨了。

尋寶跳蚤屋

　　台北羅斯福路上的「尋寶跳蚤屋」店面積達 600 坪，為台北市區空間最大的室內跳蚤市場。尋寶跳蚤屋宣稱是美式跳蚤市場，採美式跳蚤市場的概念，把使用過的器物稍做整理後出售。本店早先確是進口美國舊貨，美國舊貨和歐洲舊貨予人的印象是大為不同的，美國舊貨大多是一次戰後的產物，例如點唱機、電唱機大喇叭、鬧鐘擺飾、琺瑯烤漆的理髮椅等等，內含舊時代的機械與電子元件。而歐洲舊貨仍是手工的木雕、陶瓷與銅雕藝品，以及古典風格的家具，基本上是以中產階級家庭生活水準的產物。

　　不久之後，尋寶跳蚤屋的貨品摻雜美、日、中等國之物，屬於二手貨等級，又包含二手書、CD、二手衣及台灣民俗藝品，這時候已不算是純粹的西洋古董跳蚤屋了。接下來正值台灣風行日本古董，尋寶跳蚤屋在台灣首創以貨櫃大量進口日本舊貨。只見店內堆滿了各式火盆、茶盤、筆筒及人形等日貨，成為台灣唯一的日本舊貨批發店。至今尋寶跳蚤屋終於走出了獨特的路線，如今幾乎全店清一色是日本貨了。

　　尋寶跳蚤屋的另一特色是公開標價，並且不二價，比歐美的跳蚤市場更有原則。跳蚤市場重在「尋寶」的新鮮感，西洋古董貨源遙遠，通常業者每一兩個月才進一次貨，進貨的前兩週生意通常很好，但是接下來的幾個禮拜，店內商品就暫時沒有變化，客人會缺乏「尋寶」新鮮感的持續，這是業者經營的困難之處。

上圖
尋寶跳蚤屋的貨品也包含少數中國家具，此為老酸枝鏡台。

下圖
尋寶跳蚤屋在台灣首創以貨櫃大量進口日本舊貨

左頁圖
尋寶跳蚤屋早先進口美國舊貨，多是一戰之後的產物，如點唱機、琺瑯烤漆的理髮椅等。

Aphrodite歐洲跳蚤市場
地點：台北市民權東路六段16號之一
（民權大橋旁）

卡卡頌歐洲跳蚤市場
地點：台北市立德路120巷25號

尋寶跳蚤屋
地點：台北市中正區羅斯福路二段38號

古董提琴

台灣新興藝術藏品

> 提琴真偽所產生的交易糾紛，古今中外層出不窮。
> 在國際的古董提琴市場上，台灣正有一批悄然興起的收
> 藏家，是歐美與日本地區之外的另一群買家。然而潛伏
> 已久的贗品名琴，卻是交易中揮之不去的陰影。

收藏名琴須先了解真偽

假琴官司自古有之，三百多年前就發生過。17 世紀末，義大利克里蒙納法庭就受理了一件偽琴欺騙案。當時案中一位市民指控，他購買了一支昂貴的小提琴，貼有城裡著名製琴師的標籤，但後來發現是該名大師的學徒所造，他認為自己被欺騙了。

直到 19 世紀初，法國名製琴家與琴商維堯姆大量複製史特拉底瓦里等名琴，開創了量產仿製品的先頁，提琴的仿冒、偽造及欺騙事件比以往更層出不窮。

近代歐洲就曾發生過規模龐大的提琴詐騙案，1951 年瑞士一個有組織的詐騙集團，偽琴仿得極為精妙，騙取許多歐美音樂家巨款，連國際知名音樂家也曾被蒙騙，範圍廣及英國、法國、義大利、比利時、德國和美國等地。即使在交易過程中經過鑑定家的檢查，也未曾發現疑點。瑞士警方受理檢舉報案後，曾召集了四位小提琴家、二位製琴師、一位歷史學家和一

上圖／提琴工作室一景　**左頁圖**／提琴拍賣會現場

位音樂教授來共同鑑定，動用了最新科學儀器，如顯微鏡、水晶燈、螢光照片，並對黏膠、油漆和墨水等作化學試驗，最後才確定了偽照證據。當時發現瑞士蘇黎士市面上的古琴，十之八九都是偽造的。

　　台灣的提琴詐欺與仿冒事件之多，與國外相比不遑多讓，2002 年台灣就發生二起鬧上法庭的名琴官司，轟動音樂界，其真實過程懸疑不下於電影情節。一位知名的小提琴家也是大學教授，七年前向琴商買了一支普雷欣達（Giovanni Francesco Pressenda）所製的小提琴，普雷欣達是義大利製琴名家，價格相當高，該琴附有美國琴商杜西（Herry Dussy）的鑑定書，於是音樂家不疑有他，以高達 20 萬美元買下這支昂貴的琴。

　　過了五年，此琴在維修時才發現有異，教授遂將此琴送到紐約的福朗謝（Francaise）公司鑑定，福朗謝是世界三大琴商之一，據鑑定結果，這果真是一支偽琴。為了進一步確認，教授再把琴送到倫敦蘇富比拍賣公司，結果蘇富比也認為這支琴雖是義大利製造，但並非出自普雷欣達之手，估價僅約 1 萬 4000 美元。

教授向琴商理論未果，不得已向法庭提出告訴。在訴訟過程中，我們發現鑑定家的鑑定書竟然是不可靠的，事實上它並不具有法律效力，因為鑑定家在鑑定書都説：「我個人意見。」（in my opinion）鑑定書只是鑑定家個人的認定，又不是保證書，在法庭上不被視為買賣的保證書。

琴商則辯稱他只是提琴的抽佣仲介者，是提琴的無知者，更不是鑑定家，賣琴給教授沒有欺騙成分。此時琴商忽然變成無辜外行的商人。經過多年的纏訟，最後教授勝訴，可獲賠償，但琴商早已逃之夭夭。

另一件偽琴官司則是台北一位小提琴家，以手上的「加里雅諾」大師名琴抵押，換得一支疑似「瓜奈里」名琴，瓜奈里是 17 世紀義大利製琴名家，是世上唯一可與「史特拉底瓦里」相比的琴，其價值等同史特拉底瓦里名琴，也是世界音樂家夢寐以求的提琴。該音樂家特地

攜琴赴歐洲鑑定，卻被認定是德國製的拼裝琴，也就是以數支德國舊琴堪用零件組成的琴，連完整琴都不是，也不是義大利琴，更別説是瓜奈里的名琴了。失望之餘，他回國要求退還抵押的琴，但琴商卻説該抵押品已賣出。其過程好像洗錢一樣，真正名琴在轉手之間不知不覺中被洗掉了。

提琴家一氣之下，委請律師向地檢署控告琴商詐欺。而琴商在法庭上卻另有説詞，他説當初的交易是以琴易琴，他也只表示那是疑似瓜奈里琴，並沒有確認是真品，並無詐欺之意。法庭上追究的是犯罪企圖與證據，因此，檢察官認定琴商並無詐欺犯意，於是不予起訴。

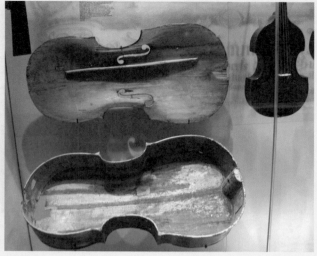

左圖／德國米騰瓦提琴博物館的提琴　右圖／拆開面板的提琴
左頁圖／維也納樂器博物館裡的古提琴

　　古董名琴的價格極其昂貴，其高低很難有確切標準，而利之所在，偽冒膺品又時有所聞，提琴可以保值，也可以當洗錢的媒介，還可以當逃稅的工具，所以古今中外不斷上演著名琴交易的玄機。

　　追求古董提琴，是提琴家終身的目標，因為提琴是一種年代愈久，音色愈好，價值也益形增高的東西。古琴自然地散發幽光，呈現歲月洗鍊後的風華，就有音色成熟與老化的增值效果，如醇酒般愈陳愈香。甚至新製提琴要經一段時間的演練，聲音才會拉開，從僵硬轉為靈活，一般人稱之為「養琴」。所以提琴演奏家使用的都是古琴，有的權威提琴老師尚且要求他的學生必須使用古琴，以確保學習和演奏效果。正因為對於古琴的需求如此殷切，以及古琴的高昂價格，造就層出不窮的仿冒事件與提琴交易的陷阱。

┃ 提琴如何造假

　　提琴的造假方法很多，最常見的是把名家標籤貼在普通的老琴上，冒稱是古代製琴名家的作品；或是年份不足，把六十年琴說成一百五十年琴。新琴也可以仿古，行家早就發展出各種仿古技術，在琴板上造成老舊痕跡，面漆故意塗成污黑狀，將新琴放在氨氣中薰暗或在小火上烤一下，再加上人造剝落、受損痕跡等，甚至故意破壞後再修補，都可仿得唯妙唯肖，產生舊木料的效果。較高檔的仿古琴是拼裝琴，它是拼湊二、三支古琴的零件，撿出堪用的老琴零件，可以重新合併成一支完整的古琴，甚至貼上真正的老標籤，就如古董家具的古木新造。拼湊的古琴就材質而言，確是古琴，但已毫無名家古琴的價值了。

左圖／義大利克里蒙納製琴大師馬可　右圖／現今最有名的製琴大師畢索洛蒂

不只古琴有贗品，連新琴也有仿冒的，最普遍的是大陸琴仿冒歐洲琴，只要貼上歐洲名牌標籤即可，提琴只要是義大利品牌，價錢自然提高好幾十倍。標籤的仿冒更簡單，直接找舊紙張來印刷，或新紙張放在氨氣裡就可以做舊。尤其現在有了電腦，個人在家就可以自行打字列印，或以掃描器或影印機複製名家標籤。在有些樂器店可以買到「無標的」提琴，經銷商賣的是未貼標籤的提琴，經銷商自己又影印了各廠牌與各製琴大師的標籤，提供顧客自由選貼，顧客想貼什麼標籤，經銷商就代貼什麼標籤。這是消費者自欺欺人的作法，所以不可太相信提琴標籤。

提琴是樂器，也是工藝品或藝術品

提琴雖然是實用性的樂器，但也是工藝品或藝術品。提琴重視的是師傅個人手工打造的作品，一支琴從頭到尾都是同一位師傅手造。提琴很像繪畫或雕塑等藝術類作品，其價值常以背景價值來衡量，端視作者聲望、年代、歷史性、品質、材料、完整性與音色而定。新琴取決於製琴師的行情，而古琴的行情，則取決於專家所下的評估，或參考過去的實際交易價錢而定。這種所謂的藝術價值是相當主觀的判斷，工藝品的價值常不在工藝品本身的品質，而在於作者本身的行情，古董提琴高昂的價格絕非單由它美妙的聲音所創造。

仿古琴是否有欺騙行為，端看銷售態度與行為而定，製作者與經銷者若表明賣的是仿古琴，其價錢與新琴接近，則無欺騙之行為；若銷售者以仿古琴號稱古琴，以古琴價錢出售，則是一種欺騙行為。

提琴如何鑑定

古今中外古董提琴買賣糾紛極多，不只學生被騙，連演奏家、提琴老師、專業經銷商等